BUZZ

© 2024, Joyce Rodrigues
© 2024, Buzz Editora

Publisher ANDERSON CAVALCANTE
Coordenadora editorial DIANA SZYLIT
Editor-assistente NESTOR TURANO JR.
Analista editorial ÉRIKA TAMASHIRO
Preparação LÍGIA ALVES
Revisão MEL RIBEIRO E TATIANA CUSTÓDIO
Projeto gráfico ESTÚDIO GRIFO
Assistente de design JÚLIA FRANÇA
Imagem de capa BIDZILYA / ADOBE STOCK

Nesta edição, respeitou-se o novo
Acordo Ortográfico da Língua Portuguesa.

Dados Internacionais de Catalogação na Publicação (CIP)
(Câmara Brasileira do Livro, SP, Brasil)

Rodrigues, Joyce
Crie sua própria sorte : Desistir não é opção quando se tem
um propósito / Joyce Rodrigues
São Paulo: Buzz Editora, 1ª ed., 2024.
208 pp.

ISBN 978-65-5393-316-3

1. Experiência de vida 2. Mulheres - Biografia 3. Narrativas
pessoais 4. Relatos pessoais 5. Rodrigues, Joyce
6. Superação - Histórias de vida I. Título.

24-195657	CDD-920.72

Índice para catálogo sistemático:

1. Mulheres : Biografia 920.72
Aline Graziele Benitez, Bibliotecária, CRB-1/3129

Todos os direitos reservados à:
Buzz Editora Ltda.
Av. Paulista, 726, Mezanino
CEP 01310-100, São Paulo, SP
[55 11] 4171 2317
www.buzzeditora.com.br

Joyce Rodrigues

CRIE SUA PRÓPRIA SORTE

Desistir não é opção quando se tem um propósito

Introdução: uma teia de causa e efeito
6

Algumas palavrinhas antes de começar
9

Capítulo 1
Meu lugar no mundo
17

Capítulo 2
**Minhas origens: amor, superação
e coragem para viver**
28

Capítulo 3
**Amor, permanência e
propósito na corda bamba**
40

Capítulo 4
Sentindo na pele o perfume do propósito
57

Capítulo 5
Quanto se ~~perde~~ INVESTE por um sonho?
71

Capítulo 6
Bom demais pra ser verdade?
89

Capítulo 7
Altos e baixos, nascimentos e perdas
107

Capítulo 8
O que te sustenta no hiato?
118

Capítulo 9
Nada vem de graça
128

Capítulo 10
Pele, epiderme, inspiração, inovação e tudo mais que está além
143

Capítulo 11
Ainda me faltava o silêncio
155

Capítulo 12
***Happy day* & (feliz) Ano-Novo?**
171

Capítulo 13
Prosperidade coletiva: crescimento garantido
183

Conclusão: final feliz
201

Introdução: uma teia de causa e efeito

Muito se fala sobre propósito na vida, não é mesmo?

Sobre vencer as adversidades, realizar os sonhos transformando-os em metas, sobre pensamento positivo e tantas outras ferramentas de superação que podem nos levar a níveis mais elevados, sejam eles materiais ou espirituais.

Porém, para que essas não sejam palavras vazias, é necessário entender o que está por trás disso tudo.

Não há manual. Pelo menos não houve para mim. Nada veio de fora, como um comando a executar.

Por isso, serei honesta com você: o que quero apresentar aqui não é um passo a passo de como chegar ao sucesso — porque isso depende das suas ações —, mas a *minha história de sucesso*, que começou quando eu resolvi sair de uma realidade condicionada rumo a uma NOVA HISTÓRIA (aquela que eu já sentia e sonhava todos os dias...).

Este livro é um relato pessoal dessa caminhada, dessa escalada, e dos muitos desafios que tive que enfrentar — e ainda enfrento — na jornada de construir uma vida mais digna. Escrever uma história de vida é perceber com mais clareza a teia de causa e efeito que ela costura. Perceber quais são as nossas cicatrizes, os fatos que nos tornaram mais fortes e também nossas virtudes e as boas heranças da nossa linhagem, dos nossos antepassados, dos exemplos de vida. Escrever a própria história é perceber a essência da vida, aquela que sempre nos move em direção ao nosso destino.

O que eu pretendo, ao contar minha trajetória, é mostrar um percurso de vida para que você olhe para a sua própria e veja como ela se encontra com a minha. Não para que o meu percurso seja copiado — isso nunca daria certo —, mas para que você veja o que temos em comum, e como alguns dilemas e algumas conquistas podem ser parecidos.

Talvez esta leitura possa te inspirar a caminhar em direção ao melhor momento da sua vida.

Espero que sim, e que possamos nos encontrar por lá.

Com carinho,
Joyce Rodrigues

Algumas palavrinhas antes de começar

O sucesso é para todos

Nasci em uma realidade dura, nada favorável, e com os poucos recursos que eu tinha disponíveis, aliados à força da minha vontade, conquistei uma nova situação. Comecei do zero como balconista em uma farmácia, e com 22 anos já era sócia de uma empresa de cosméticos que eu recuperei de dívidas.

Mas não parei por aí.

A vida me trouxe desafios — e algumas rasteiras — que me levaram à difícil decisão de me desapegar dessa primeira conquista, mas também me conduziram ao meu verdadeiro destino, que agora cresce e prospera a cada ano.

Toque de Midas?

Não.

Trabalho, muito trabalho, e uma escuta constante.

Escuta?

De quem?

Dê valor à própria história, mas ouse ir além dela

Em primeiro lugar, eu honrei minhas raízes.

Sempre ouvi com respeito os conselhos dos meus pais e de outros familiares que sinceramente me desejavam um futuro melhor, com mais possibilidades.

Além disso, as oportunidades que me levaram a uma nova situação pessoal vieram também da escuta lá de dentro, daquele lugar onde tudo brota, onde encontramos as pistas do caminho.

Alguns chamam essa sensação de instinto. Outros ainda não conseguiram se conectar com ela. Mas é questão de tempo, e de iniciar essa busca.

Eu a chamo de "propósito de vida".

Desde jovem, tive a certeza de que não vim a este mundo para passar despercebida. Lá dentro, no meu eu mais essencial, sempre soube que tinha um compromisso com algo maior e com o outro.

Com o tempo, eu percebi e entendi que a minha preocupação com o mundo exterior estava totalmente ligada ao meu mundo interior, e que era isso que me movia, me deixava inquieta, me fazia ser a mulher questionadora que nunca aceitou aquilo que estava apontado como único caminho. Eu queria mais, sempre quis mais, e dependia apenas de mim buscar o meu propósito. Se eu me apegasse às circunstâncias iniciais, jamais teria conseguido.

Esta história é sobre isto: um propósito de vida gritando dentro de mim, todos os dias, me fazendo acreditar que eu chegaria lá.

No meu destino.

Não era apenas por mim, era por muita gente.

Eu sempre acreditei que seria um instrumento de transformação na vida de alguém, mas precisaria começar pela minha. Quando você entende a matemática do crescimento x contribuição, é aí que começa a transformação na realidade das pessoas. Porque nosso crescimento, o que *recebemos* da vida, está atrelado à contribuição que viemos *dar* ao mundo.

Para crescer, é preciso ser um *fator de soma* para os outros. Sem esse equilíbrio, qualquer conquista é frágil e está sujeita às intempéries da vida.

Ou às suas condições de origem.

Eu sou uma prova disso: nascer pobre não te condena a uma vida medíocre!

E nascer em berço de ouro não é garantia de chegar ao sucesso!

No fundo,
eu sempre soube que
havia algo grande a ser
conquistado. E que,
se eu tivesse foco e
disposição, isso seria
possível. Não sabia
como; só sabia que
dependeria de mim!

Joyce Rodrigues
CRIE SUA PRÓPRIA SORTE

As oportunidades que me levaram a uma nova situação pessoal vieram também da escuta lá de dentro, daquele lugar onde tudo brota, onde encontramos as pistas do caminho.

Joyce Rodrigues
CRIE SUA PRÓPRIA SORTE

Tem que ser bom pra mim, para o outro e para o mundo, caso contrário, não tem importância, muito menos relevância.

Perceba os venenos que entram pelos ouvidos

"Você não será ninguém no mundo!"

"Não pense tão alto, você não vai chegar lá. Contente-se com o que tem."

"Do lixo ao luxo? Jamais!"

Essas são algumas frases que ouvi ao longo da minha trajetória, mas nunca dei ouvido a elas. Nunca.

No momento da escuta, doeu... mas eu decidi seguir em frente.

Então, agora te pergunto: quais decisões foram tomadas na tua vida por aconselhamento da tua escuta interior, e quais foram tomadas por influências alheias?

Aliás, você sabe diferenciar uma coisa da outra? Consegue perceber quando um pensamento que passa pela sua cabeça não é, de fato, seu, mas foi colocado aí, uma influência mental disfarçada de pensamento, só para manter você em uma posição inferiorizada? Ou equivocada?

É sobre tudo isso que quero conversar aqui.

Destrave todas as portas. Estou com você

Algumas perguntas são as bússolas que nos norteiam e levam a uma reflexão que serve de escudo para pensamentos destrutivos.

Será que o sucesso que você almeja está conectado com a sua alma, com o seu propósito de vida, com a sua existência?

Será que você ainda não chegou lá porque não acredita em uma força maior no seu interior ou porque os tombos da vida foram tantos que você acreditou que seria impossível?

Se for esse o seu caso, eu compreendo. Não julgo; é realmente difícil, e às vezes nos faltam forças. Por essa razão, eu gostaria de te ajudar a desbloquear as portas onde a palavra "impossível" está escrita como se fosse um cadeado. Vamos desmontar essa falsa fechadura que te impede de seguir no teu caminho de realização.

15

Estou aqui para te contar uma história cheia de emoções, dores, descrédito, dificuldades, garra, lutas, começo, recomeços, tropeços, trapaças, alegrias, encontros, felicidade, satisfação, transformação e SUCESSO!

Sim, é a história da minha vida, e ela está aqui para ancorar os conhecimentos que eu adquiri e que agora quero compartilhar.

Estas páginas não trazem apenas uma biografia. A cada capítulo, um ensinamento vai colocar você em um nível intenso de clareza sobre como chegar ao seu potencial máximo, com exemplos de uma vida real alinhada a um conjunto de técnicas e estratégias capazes de escrever uma história de sucesso. Vou descrever comportamentos e atitudes que desenvolvi ao longo da vida (e continuo aplicando até hoje) que me ajudam, dia a dia, a moldar a construção do meu destino. Aquele destino com que sonhei lá atrás, e que eu tinha certeza de que aconteceria se me dedicasse a ele com foco e coragem.

Este livro é para você que sabe que pode chegar lá, que quer vencer.

Mas como fazer isso? Como começar?

Eu te convido a embarcar comigo em uma nova jornada: a jornada da transformação da sua vida.

Ela começa aqui e agora, neste diálogo.

1.

Meu lugar no mundo

Tijolo por tijolo

Minha vida nunca foi fácil.

Isso não é um problema, apenas uma realidade.

Quer dizer, já foi um problema, que se arrastou por anos a fio: nasci em meados dos anos 1980 em uma família bastante simples. Nossas condições econômicas não eram nada favoráveis, e tudo o que construí foi conquistado com muito trabalho duro, tijolo por tijolo.

Aliás, tijolo é uma metáfora usada para ilustrar as construções que acontecem passo a passo, mas, para mim, essa palavra dá arrepios. Passei toda a minha infância e adolescência sentindo na pele o custo de uma construção. Literalmente.

Na minha casa, morávamos em três cômodos, compostos de um quarto, uma sala (onde eu dormia em um colchão) e uma cozinha. O tempo todo, um desejo de expandir e quase nenhum recurso para isso, o que resultava em uma obra que nunca terminava. Meu pai, trabalhador incansável, construindo a casa dos sonhos, aquela que *um dia* ficaria pronta; dia esse que, logo percebi, estava longe demais.

Meu lar era assentado no "quase lá", constantemente inacabado, sempre do jeito que dava. Sim, tínhamos o essencial: uma família unida, acolhedora, amor, alimento e estudo; mesmo assim, me acompanhava uma sensação constante: *a necessidade de mudar aquela realidade.*

"Eu não quero mais *não ter dinheiro!*"

"Eu quero ter dinheiro para fazer o que eu quiser!"

Esses eram pensamentos que me acompanhavam.

Eu queria muitas coisas, mas sabia que naquele momento não podia.

E o que eu queria não eram apenas bens materiais. O que eu queria estava além do dinheiro. Eu buscava algo maior!

"Você tem que ser diferente na vida", minha mãe me dizia.

Diferente de quem? Do quê?

Por quê?

Eu nunca questionei. No fundo, eu sempre soube que havia algo grande a ser conquistado. E que, se eu tivesse foco e disposição, isso seria possível. Não sabia como; só sabia que dependeria de mim!

Mesmo começando do zero.

Porque eu tinha uma certeza: não teria uma vida medíocre.

Um nome na entrada do túnel

Na escola, as aulas de história me instigavam, me contagiavam e eu não sabia por quê. Nem era minha matéria preferida, mas quando eu pensava em todos aqueles nomes que eram lembrados desde 1800, 1700, até antes disso, ou quando eu passava dentro de um túnel com um nome gravado na entrada, ficava pensando: *quem era essa pessoa?*

Então, enquanto eu sonhava em ter meu próprio quarto, algo mais crescia em mim como um broto fresco, pegando carona nesse futuro imaginado: ser lembrada como essas pessoas que ultrapassam seu medo e deixam uma marca em sua história.

Um legado.

Eu sempre tive isso dentro de mim. E, mesmo sem saber onde iria chegar, eu sempre soube o que queria:

"Não posso passar em branco."

O segredo do meu sucesso

Você deve estar imaginando que, dadas as minhas condições iniciais, se eu cheguei até aqui, foi graças ao meu esforço e à minha força de trabalho.

Não. Não foi.

É claro, eles foram imprescindíveis. Sem empenho e garra, nada seria feito. Nada se constrói sem ritmo e constância, e a determinação

E o que eu queria não eram apenas bens materiais. O que eu queria estava além do dinheiro. Eu buscava algo maior!

Joyce Rodrigues
CRIE SUA PRÓPRIA SORTE

Enquanto eu sonhava em ter meu próprio quarto, algo mais crescia em mim como um broto fresco, pegando carona nesse futuro imaginado: ser lembrada como essas pessoas que ultrapassam seu medo e deixam uma marca em sua história.

Joyce Rodrigues
CRIE SUA PRÓPRIA SORTE

é parte essencial de qualquer conquista. Mas esses foram os *meios*, não o motor principal da minha ação.

Passei a vida convivendo com duas pessoas extremamente esforçadas, às quais devo tudo o que sou: meu pai e minha mãe. Eles deram as bases para que eu me tornasse esta pessoa. Porém, por mais que fossem honestos e suados trabalhadores, isso, por si só, não os ajudou a mudar sua realidade.

Digo isso não por menosprezar o caminho deles — eu muito os admiro e honro —, mas para ser justa com as centenas (talvez milhares) de pessoas que, por mais que trabalhem, não conseguem melhorar sua situação econômica. Há um discurso cruel que culpabiliza os fracassados nessa empreitada, como se bastasse o esforço individual para uma escalada para o sucesso.

Não, não basta.

Tampouco a obediência ou a eficiência. Todas essas virtudes podem ser ótimas, mas não dão garantia de nada se estão vinculadas a uma condição apenas externa, sem ligação alguma com a sua alma.

O que eu quero dizer é que, quando não há um entendimento sobre onde você quer chegar e por quê, você pode escalar muitos degraus na vida, mas, quando chegar ao máximo, ao topo da sua escalada, ainda assim sentirá um vazio. Você pode até ter conquistado uma condição econômica favorável, mas não terá alcançado o sucesso se não tiver um propósito de vida!

Então... o que é o sucesso?

Dinheiro, status, poder?

Na minha opinião, sucesso não tem nada a ver com acúmulo de bens ou obtenção de poder sobre o outro.

Sucesso, para mim, é oferecer à vida o que de melhor eu tenho, é saber escutar àquela criança dentro de nós que mostra o mapa para nossa felicidade e seguir em frente acompanhando suas coordenadas.

É encontrar um espaço dentro de você que sopra seu verdadeiro caminho.

Encontrar esse lugar, o seu lugar no mundo, é o primeiro passo. Isso te abre as portas para uma fonte infinita de energia, te leva ao verdadeiro motor, que não apenas te fará atravessar as dificuldades, mas será a principal lente pela qual você enxergará a vida.

Essa descoberta traz também um profundo senso de responsabilidade. Não nos permite adiamentos ou distrações.

Nem sempre ele vai te levar para uma carreira empreendedora. Há tanta diversidade nos caminhos quanto há diferentes rostos ao redor do planeta, então *o principal não são as conquistas externas que essa descoberta pode promover, mas a sensação de realização e felicidade que ela proporciona* conforme você se aproxima do que veio fazer. A certeza de estar no lugar em que deveria estar, a mesma sensação de encaixe de quando encontramos uma peça que faltava num quebra-cabeça.

Não se engane: nem sempre é confortável.

Mas é o melhor lugar para estar. E ele manda sinais desde a infância.

A percepção dos primeiros sinais

Não sei se você já ouviu esta frase: "Nunca revire os olhos quando o galo cantar, senão eles ficarão virados para sempre".

Trata-se de uma dessas crendices que a gente escuta por aí. Nem sei onde foi que a ouvi pela primeira vez, mas ela entrou em mim de tal forma que eu nunca mais ousei revirar os olhos.

Um dia, enquanto eu dava banho no meu filho, foi justamente o que ele começou a fazer, de brincadeira. Repeti a frase imaginando que isso o faria parar, mas o efeito foi o oposto: tornou-se um desafio.

— Mãe, isso não existe. É só contação de história! — ele respondeu, firme.

— Você tem certeza? — instiguei, séria.

— Não, não tenho certeza, mas vou provar isso pras pessoas!

— Ah, vai? Como? — eu realmente queria saber.

— Eu vou chegar perto de um galo e vou ficar revirando o olho até ele cantar. Mãe, as pessoas têm que parar de achar que isso é verdade, porque não é!

Pedro ficou sério. Nesse momento, percebi que, para ele, aquilo não era uma brincadeira. Depois, ele se ensaboou em silêncio, um silêncio solene e comprido. E, quando ele começou a se enxaguar, percebi que estava chorando.

— O que aconteceu? — me enterneci.

— Mãe, eu preciso provar pro mundo que isso é mentira, para as pessoas poderem ficar virando o olho em paz, sem ter medo. Mas, se isso for verdade mesmo, eu vou ficar com o olho virado e vou ter que fugir, porque ninguém vai querer ficar perto de mim!

O que mais me espanta é ele não ter, em momento algum, considerado a possibilidade de não fazer o que achou que tinha que fazer. Seu dilema era com as consequências.

Coisa louca de um menino de sete anos? Ou os primeiros lampejos de quem estaria disposto a sacrificar os próprios olhos pelo que considera ser importante?

Existem pessoas que se arriscam por algo que acreditam ser maior que os próprios medos?

Sim.

O que mais me comoveu foi ver como somos parecidos. E talvez nós dois sejamos parecidos com todos aqueles que sabem qual é a marca que pretendem deixar no mundo. É sobre isso que eu estava falando, sobre essa coisa que, por mais que pareça difícil, por mais que dê medo, é impossível deixar de realizar.

O que interessa é entender que a ação, dentro de nós, é tão essencial, que daríamos nossos olhos por ela. Ou, para não ser tão dramática, o bem mais precioso que temos: nosso tempo contado sobre a Terra.

O meu propósito pessoal

O meu sentido nesta vida é promover meios para que as pessoas possam se transformar, para também transformarem outras vidas.

Como?

Através da minha jornada. Porque eu não sonho pequeno.

Quando você tem a oportunidade de ser um fator relevante de crescimento e transformação na vida de outra pessoa, e isso se torna algo consistente, com certeza esse é o maior legado que qualquer um pode deixar!

Lembra da história dos nomes de pessoas em túneis? Pois é, eu quero mais do que apenas me destacar em vida, eu quero ser exemplo, eu quero ajudar hoje, amanhã e para todo o sempre.

A mim cabe, neste momento, te ajudar a saber quais foram os meios que me fizeram chegar aqui e que me levarão muito mais longe!

cápsulas de aprendizado

O mais importante não é chegar lá, e sim como chegar lá.

———

Em outras palavras, os fins não justificam os meios. São os meios que acabam determinando os fins. O caminho que você escolher é o que traçará o seu destino.

———

Nunca subestime a sua origem.

———

Sua vida é preciosa, seja qual for a sua condição.

———

Honre quem te deu a vida, mas lembre-se: nascer pobre é uma condição, morrer pobre é uma opção!

———

O que você veio fazer nesta existência é único e só poderá ser feito por você. Qual legado você quer deixar?

———

Nunca se esqueça dos seus valores.

———

Descubra seu lugar no mundo, o que você veio dar às pessoas, e nada te deterá.

———

2.

Minhas origens: amor, superação e coragem para viver

A história por trás do meu sucesso

Um anjo cor-de-rosa: essa é minha mãe.

Rosângela da Cunha Rodrigues, ou Rose, como é mais conhecida. Seu espírito faz jus ao nome,* e ela sem dúvida foi responsável por dois grandes alicerces em minha vida: o amor e a resiliência.

Seu caminho de vida é o melhor exemplo disso, e, para seguir com minha história, preciso contar a dela. Não porque eu queira apenas prestar uma homenagem pessoal, mas porque há muitos frutos a colher em sua trajetória.

Uma vida de desafios

A vida da minha mãe se parece com um conto de fadas. Só que retido apenas naquela parte difícil, cheia de desafios.

Minha avó, Terezinha, teve seis filhos. Quando minha mãe estava com seis anos, todos foram abandonados pelo meu avô, que simplesmente decidiu ir embora. Simples assim. Se isso já parece ruim o suficiente, ele ainda foi além: convenceu sua esposa recém-descartada a assinar um documento alegando se tratar dos papéis do divórcio — o qual, na verdade, referia-se à venda da casa. No dia seguinte, despejou a própria família, virou as costas e nunca mais deu notícias.

---

* Do inglês, "rosa". [N.E.]

Você deve estar se perguntando: para onde iria uma mulher com seis filhos depois disso? Onde teria acolhida? Na sua família de origem?

Não, isso não foi possível. A mãe da minha avó, quando soube do ocorrido, permitiu que ela dormisse na sua casa com os filhos *uma única noite* e depois os expulsou também, mesmo sem terem aonde ir. Depois disso, passaram um período muito duro.

Por muito tempo, minha mãe e os irmãos ficaram soltos no mundo, coletando lixo para sobreviver enquanto minha avó trabalhava no que aparecia. Chegaram a dormir na rua, vivendo à custa de favores. Às vezes, alguns parentes de minha avó ajudavam. Davam a ela uma pilha de roupas para passar em troca de pratos de comida, que eram servidos às crianças no quintal, junto com as galinhas, "para não sujarem a casa" dos familiares. Apenas uma irmã da minha avó, tia Cleuza, não tinha essa atitude. Era também muito humilde, mas ajudava sempre que podia.

Graças a ela, o destino da minha mãe pôde ser diferente.

Contudo, antes que esse momento chegasse, o conto de fadas não deu trégua. A menina Rosângela teve que passar por muitas provações. Mesmo quando conseguiram um barraco para morar, com chão de terra batida, era uma vida muito instável. Minha avó teve outros seis maridos, e, cada vez que esses homens colocavam os pés para dentro da casa, impunham suas próprias leis. Alguns colocavam cadeado na geladeira para que as crianças não roubassem a sua comida.

Por mais que minha avó trabalhasse — ela e todas as crianças —, não era o suficiente para alimentar a todos. Então, quando minha mãe completou nove anos, minha avó a cedeu para uma família. Em troca de comida, ela se tornou uma empregada doméstica mirim cuidando do filho do casal, Othon, que era cadeirante. Essa família também não tinha muitos recursos, e minha mãe dormia no chão, em cima de um cobertor. Mas essa situação não durou muito, porque a pequena Rosângela chorava toda noite de saudade dos irmãos e por isso foi devolvida. Quando voltou para casa, levou uma surra da minha avó.

Seu passado é o que você vive ou a história que você conta?

Minha mãe já me contou sua história muitas vezes. O que se destaca no seu relato, para mim, não são os detalhes de uma vida repleta de dificuldades que, infelizmente, é a realidade de muitas famílias no Brasil e no mundo. O que mais me surpreende é a capacidade que ela tem de compreender os eventos do seu passado e não guardar nenhum rancor. Apesar de todas as adversidades que enfrentou, minha mãe sempre foi muito unida a suas irmãs. São todas mulheres muito guerreiras, fortes e trabalhadoras.

Eu mesma só fui descobrir esse passado quando já estava crescida, em uma animada conversa na mesa da cozinha, entre risos e nostalgias, quando ela e uma de minhas tias começaram a lembrar "daquela época em que a gente pegava lixo para sobreviver". Até aquele momento, nem eu nem minha irmã sabíamos disso. Ela nunca tinha nos contado absolutamente nada do que minha avó havia feito ou do que elas haviam passado.

E, depois disso, sempre que ela se referia à mãe, defendia: "O que poderia fazer uma mulher analfabeta, abandonada pelo marido com seis crianças, sem ter onde morar nem o que comer?".

Percebi que ela, havia muito tempo, tinha feito a opção de olhar para a própria história sob a ótica da empatia e do perdão. Por mais que isso pareça admirável quando vemos essa realidade de fora, ter *de fato* essa perspectiva vivendo tantas dificuldades na própria pele é, para mim, um grande exemplo de aceitação e amor. E de liberdade.

Por mais que não tenhamos o controle do que acontece na nossa infância, podemos escolher como vamos nos lembrar desses acontecimentos. Se vamos sedimentar a memória a partir do que sofremos ou do que aprendemos, apesar das adversidades.

Compreendo que ver o mundo dessa forma não é fácil. Tantas injustiças deixam marcas, e elas gritam — como gritam! Para ser sincera, não sei como minha mãe consegue, e se eu conto aqui essa história é simplesmente para mostrar que é uma perspectiva possível.

"De tudo o que eu já vivi, eu tenho que agradecer a Deus todos os dias pela família que eu construí", é o que ela diz. E eu sei que é de coração.

Rosângela, sobretudo, sempre teve gratidão pelo que recebeu. Talvez ela tenha se agarrado a isso como único recurso para não sucumbir à dor, uma sabedoria inata que lhe deu algum suporte interno quando nada do lado de fora parecia acolhê-la.

Porém, anos mais tarde, a vida lhe devolveu o amor que ela ofertou, proporcionando um novo caminho.

Os iguais se encontram

A sorte da minha mãe mudou aos doze anos, quando ela foi morar com a irmã da minha avó. Aquela que a ajudava no limite de suas possibilidades.

Tia Cleuza gostava muito de minha mãe, e a afinidade era recíproca. Assim, quando pediu permissão à irmã para cuidar da sobrinha, minha avó não pensou duas vezes.

Dessa vez, minha mãe ficou muito feliz com a mudança e não chorou desejando voltar ao convívio dos irmãos. Apesar de também terem uma vida muito simples, morando em três cômodos assim como minha avó e os filhos, tia Cleuza e tio Roberto compunham uma família muito saudável.

Eram de uma espiritualidade ímpar. Minha mãe passou a ser cuidada enquanto também cuidava dos primos — filhos do casal — e dos serviços da casa. Começou a frequentar a escola. O dinheiro que minha tia lhe pagava pelos serviços domésticos era entregue diretamente à minha avó, que ficava com tudo sem o menor pudor. Embora possa parecer estranho, esse arranjo foi bem recebido por todos, e minha mãe sentia que sua vida havia dado um imenso salto de qualidade.

De fato, deu. O convívio com uma família amorosa e próspera significava uma vida estruturada, firmada em valores nobres. Como um bálsamo, minha mãe sorveu cada partícula daquela acolhida. Alguns anos mais tarde, foi exatamente essa realidade que ela reproduziu em nossa casa quando se casou com meu pai, Carlos Batista Rodrigues, e teve duas filhas, Joyce e Jessica.

Percebi que ela, havia muito tempo, tinha feito a opção de olhar para a própria história sob a ótica da empatia e do perdão. Por mais que isso pareça admirável quando vemos essa realidade de fora, ter de fato essa perspectiva vivendo tantas dificuldades na própria pele é, para mim, um grande exemplo de aceitação e amor. E de liberdade.

Joyce Rodrigues
CRIE SUA PRÓPRIA SORTE

Ser diferente, para ela,
era sinônimo
de evolução.

Joyce Rodrigues
CRIE SUA PRÓPRIA SORTE

Ser diferente é melhor? No nosso caso, sim

Dos filhos de minha avó, Rosângela foi a única que viveu em outra casa, com outros valores. Talvez devido aos frutos colhidos por essa mudança, ela formulou a frase que sempre me dizia: "Minha filha, você tem que ser diferente na vida".

Foi o que aconteceu com ela: foi diferente dos irmãos, diferente da mãe, da avó. Semelhante apenas à tia, porque coincidiam em gratidão e generosidade.

Tia Cleuza ajudou muita gente. Na família, era sempre quem estendia a mão para todos sem pedir nada em troca. Se alguém era despejado, ela e meu tio prontamente abrigavam a pessoa em casa. Isso não é comum.

Meu tio Roberto, também de origem simples, foi um grande exemplo. Estudou, trabalhou em grandes empresas, depois abriu a sua própria. Era instrumentador, um ótimo profissional, e foi muito requisitado. Ao longo da vida, conseguiu subir muitos degraus.

Os dois chegaram a ter uma casa com seis suítes e uma piscina, um ambiente que faziam questão de compartilhar. Tradicionalmente, todo fim de ano recebiam a família inteira, por quinze dias, com todas as despesas pagas. Nunca para ostentar, mas sim para acolher.

Foi com esse exemplo que minha mãe cresceu, e foram esses os valores que ela nos passou, juntamente com sua perspectiva sobre as pessoas. Seu olhar é raro, porque a dor que a exclusão social gera, de modo geral, nos predispõe a atitudes igualmente violentas. Ver o mundo com compaixão em vez de ressentimento não é tarefa fácil, exige muita força de vontade.

Até para mim, que não vivi uma realidade tão dura quanto a dela, nem sempre era fácil compreender. Por isso, toda vez que minha irmã e eu ficávamos chateadas porque nossa avó Terezinha nos tratava de forma distinta dos outros netos, dona Rose nos brindava com seu olhar compreensivo:

— Deixa, filha... Sua avó sofreu muito. E vocês não são iguais aos seus primos, mesmo.

Ser diferente, para ela, era sinônimo de evolução.

Liberdade para escolher seus próprios modelos

Com a história da minha mãe, eu aprendi: é importante honrar as origens, o que não significa ficar atada a elas. Honrar significa reconhecer o valor, mas isso não nos obriga a seguir repetindo padrões familiares que desembocam em sofrimento.

Somos livres para eleger nossos próprios modelos de vida, que podem inclusive estar fora da esfera dos nossos laços sanguíneos. Porém, quando temos a sorte de ter alguém admirável por perto, por que não beber desse exemplo e buscar reproduzi-lo?

Meus tios-avós são como avós para mim, e sempre me motivaram a ver um mundo além do conhecido. Não só ajudaram minha mãe, como me mostraram coisas que não eram parte da minha realidade.

Quando eu era nova, olhava para o exemplo deles e pensava: "Eu quero ser assim, quero ter dinheiro, uma casa confortável, uma vida confortável". Mas eles me mostraram algo muito melhor que a capacidade de prosperar: me ensinaram a coragem que vem da confiança, a capacidade de abraçar os convites que a vida nos oferece.

Dizer "sim" aos chamados da vida: o poder da coragem

Meu tio-avô Roberto sempre me incentivou muito a estudar e foi um dos meus pilares. Certa vez, quando foi me buscar na escola, tivemos uma conversa dentro do carro que me marcou muito. Ele me disse:

— Se você estiver numa sala de aula ou em qualquer outro lugar, quando alguém perguntar se alguém quer falar alguma coisa, você levanta a mão.

Nunca me esqueci desse ensinamento. "Toda vez que uma pessoa perguntar se você topa alguma coisa, diga sim. Mesmo que depois tenha que estudar e se dedicar para conseguir fazer aquele determinado serviço. Mas sempre diga sim. Mesmo com medo."

Depois daquela conversa, tive minha primeira oportunidade, na escola. Frente a um desafio, levantei a mão toda suada e disse: "Eu vou!".

Fui fazer a minha apresentação, lembrando ainda de um último detalhe da recomendação dele: "Nunca se escore na lousa, sempre dê um passo à frente".

Estar um passo à frente. Isso eu levei para a vida.

Alguns anos depois, no meu primeiro emprego, um diretor me chamou e disse: "Eu preciso que você dê uma aula em Portugal". Eu nunca havia dado aula, nunca havia me posicionado como oradora nem viajado. Muito menos sozinha, e ainda para fora do Brasil. Quando ele perguntou "você topa?", eu respondi imediatamente:

— Claro, eu tô com você!

Por fora, uma firmeza grande; mas, por dentro, eu pensava: "Meu Deus, o que eu vou fazer?".

Eu não tinha nem roupa para o clima frio.

Mas aquela lição estava aprendida, e era só disso que eu precisava.

Tratava-se de uma imersão de dois dias em cosmetologia para centenas de profissionais da área da estética, e apenas eu como palestrante oficial. Ao término do evento, o médico responsável e seu filho me agradeceram, me parabenizaram pelo meu conhecimento, mas pontuaram que eu precisava melhorar a oratória e a presença de palco para passar mais credibilidade no assunto. Apesar dos elogios, eu saí de lá arrasada, me sentindo a pior profissional do mundo. Assim, prometi a mim mesma que eu buscaria ajuda profissional e um dia voltaria àquele palco.

E assim eu fiz. Anos depois, voltei a Portugal para a mesma imersão, novamente como palestrante para centenas de profissionais da área da estética. Para minha surpresa, o filho daquele médico estava me assistindo e, terminado o evento, ele veio me cumprimentar e parabenizar. Disse que eu havia me transformado e que ele se surpreendeu com o conteúdo e a forma da apresentação, que eu havia me tornado uma palestrante completa.

Isso foi algo que eu nunca mais esqueci. Senti um orgulho imenso por não ter desistido.

E não é que foi mesmo um conto de fadas com final feliz?
Os melhores contos de fadas são justamente aqueles cheios de provações e dificuldades. Nos momentos mais duros e sombrios, é comum a personagem perder a esperança e chorar.

Não há vergonha nenhuma nisso.

Porém, se ela tem conexão com as forças da vida, é justamente nesse momento que as fadas-madrinhas, as estrelas-guias, os seres encantados ou da natureza vêm ao seu auxílio. Mas, para isso, ela precisa reconhecer essas forças e o poder que elas têm de ajudá-la.

Se nos convencermos de que a vida é uma sucessão de desgraças, por mais que ela nos envie sinais, não poderemos caminhar para um desfecho favorável. Ficaremos presos na parte do pesadelo, rebatendo os sinais de apoio que não param de chegar até nós. Acontece que, apesar de tudo, a vida é boa, e muitas vezes conspira para nossa realização e felicidade.

Por mais que a nossa história não possa ser resumida em um conto, se você acreditar nas forças que te acompanham, pode entrar sem medo em narrativas assombradas, repletas de dificuldades imensas, porque haverá saída. Como diz uma frase da sabedoria hindu popularizada no Brasil por Fernando Sabino, "tudo sempre acaba bem. Se não está bem, é porque ainda não acabou".

cápsulas de aprendizado

Honre sua história, por mais dura que ela lhe pareça. Sua força reside onde estão suas raízes.

———

Honrar sua história é valorizar o passado dos seus ancestrais e o legado que você recebeu. Mas isso não significa que você não possa ir além.

———

Por mais difíceis que sejam as condições que te cercam, escolher olhar para a vida de maneira ressentida é uma prisão no sofrimento. Decidir construir uma realidade em que ninguém precise passar por sofrimentos injustos não só ressignifica o passado, como abre o futuro para ações potentes e transformadoras.

———

Se não puder amar, busque compreender. Se não conseguir compreender, saiba que um dia isso pode ser possível. Só não se deixe tomar pela dor a ponto de abrir mão da sua humanidade. É a partir dela que o que parece impossível acontece.

———

É quando nos doamos ao mundo que colhemos a força do nosso sentido.

———

3.

Amor, permanência e propósito na corda bamba

A importância de ter foco

Eu era uma criança diferenciada, foi algo que nasceu comigo. Sempre tive um foco muito definido no que queria conquistar, não só por causa dos exemplos que tive, mas também por minha própria vontade.

Na escola, desde pequena, eu me aproximava de crianças que poderiam contribuir de alguma forma para o meu desenvolvimento. Não fazia isso por interesse, mas buscava pessoas com os mesmos propósitos que eu: que gostavam de estudar e imaginavam um futuro em que não passariam despercebidas.

Minhas metas pessoais sempre foram muito altas, e já na infância eu não tinha medo de desafios. Ao contrário, eles me motivavam muito. Aos sete anos, eu me cobrava resultados. Com dez, venci uma competição de matemática. Na verdade, o resultado foi o empate com uma colega, e como a escola só tinha uma medalha e nenhuma das duas queria abrir mão dela, nós a repartimos ao meio.

Pode parecer engraçado, mas a vida é feita de símbolos. Eu guardo essa metade até hoje, porque ela representa a materialização de onde minha determinação conseguiu me levar. Uma conquista é sempre uma conquista, e celebrar cada um desses momentos nos ajuda a reconhecer nosso próprio valor e a caminhar um passo na direção da construção que nosso espírito anseia.

Importante dizer que eu não acho que todos vieram ao mundo para realizar grandes feitos. Digo, grandes feitos para os demais, porque todo ato realizado com propósito tem sua grandeza. Minha mãe, por exemplo, é extremamente feliz pela vida que leva, mesmo tendo se dedicado inteiramente à família. Essa é a sua missão e não poderia ser diferente, porque foi esse o seu chamado.

Mas para quem, como eu, sonha alto e busca uma nova história, algo completamente diferente do que as condições dadas apontavam como perspectiva, era fundamental ter os objetivos muito claros e trabalhar duramente para que se realizassem.

Voltando à medalha de matemática, essa era a importância daquele objeto: provar a mim mesma que, com vontade direcionada, não importa em que condições você dê o primeiro passo de um sonho, se trabalhar por ele com amor, permanência e propósito, ele vai se realizar.

Minha vida é uma prova disso.

Um pouco da minha infância

Cheguei ao mundo logo após meus pais se casarem. Eles se conheceram um tempo depois que minha mãe foi morar na casa dos tios, em Santo André, quando ela observava a vida passar na porta de casa. Foi um cruzar de olhares que apontou para seu destino. Meu pai morava no Paraná e estava de passagem visitando o irmão, que morava justo na rua da tia Cleuza. Quando viu aquela moça linda, logo puxou papo, e assim a história da nossa família começou.

Carlos Rodrigues, meu pai, é um homem ótimo, mas, talvez por ter trabalhado muito tempo no Exército, sempre foi muito rígido. Eu aprendi cedo o que era certo e o que era errado, e quais eram suas consequências.

Contudo, ao lado da severidade também havia o afeto. Ele sempre foi um pai presente e trabalhador. Deixou a carreira militar para trabalhar em uma grande empresa de São Paulo, onde ficou por muitos anos, cuidando da parte elétrica dos trólebus. Ele e minha mãe estavam começando a vida em Santo André e, como eram organizados financeiramente e meu pai trabalhava no regime de CLT, mesmo recebendo um salário baixo, conseguiram comprar uma casa.

A casa era bem simples, de dois cômodos, e se resumia a uma cozinha e um quarto — não tínhamos nem sala. Quando chovia, pingava

Com vontade
direcionada, não
importa em que
condições você dê
o primeiro passo de um
sonho, se trabalhar por
ele com amor,
permanência e
propósito, ele vai
se realizar.

Joyce Rodrigues
CRIE SUA PRÓPRIA SORTE

dentro, e muito! Mas foi a partir daí que meu pai começou a crescer, e a estabilidade permitiu assentar mais raízes. Na parte de baixo do terreno, com a ajuda do meu avô, fizeram outro piso. E assim, enquanto a família crescia (minha irmã nasceu quando eu tinha sete anos), fomos ampliando o espaço do nosso lar.

Tínhamos muitos amigos na vizinhança, e eles foram extremamente presentes na minha infância. Eram daquele tipo que segurava a corda para a gente pular. Jogávamos vôlei na rua, e eu adorava viver no meio daquelas pessoas.

No meu primeiro ano escolar, meus pais me colocaram em um colégio particular. Eu era a única da rua que não estudava na escola municipal, então estranhei a decisão. Quando questionei minha mãe, ela me deu aquela resposta usual: era importante que eu fosse diferente.

Na hora de imaginarem meu futuro, sempre miravam além da corriqueira realidade.

Quando a corda fica bamba

Ao final do primeiro ano na escola particular, nossa aparente segurança material desmoronou. Por sorte, ainda havia a solidez de nossa estrutura emocional e os laços que nos uniam. Por sermos uma família que compartilhava tanto as alegrias quanto as dores, meu pai, sentado à mesa, declarou:

— Filha, eu preciso falar uma coisa: perdi o meu emprego. Isso vai provocar algumas mudanças aqui dentro de casa, e uma delas vai ser a sua escola.

Não sei se é possível imaginar o quanto foi difícil para ele me dizer essas palavras. Mas sua confiança na minha capacidade de entender a verdade me fortaleceu.

— Estamos juntos, pai, vamos continuar! — eu disse, com toda a convicção que consegui reunir.

Era esse o nosso espírito. Mas as coisas não são tão simples. Mesmo com a força da nossa união, um desequilíbrio material vem repleto de desafios. Basicamente, a nossa vida virou do avesso.

Trabalhador incansável que era, meu pai logo buscou saídas. Começou a saga de entregar currículos, e até foi chamado para entrevistas em empresas consagradas como Volkswagen e Mercedes-Benz. Contudo, aos 36 anos, já era considerado velho para as vagas. Depois de um tempo tentando sem conseguir se recolocar no mercado, ele teve que recomeçar.

Ou, como dizem aqueles que preferem colocar em palavras menos duras: precisou se *reinventar*.

Só quem passa por isso sabe como é difícil. Foi uma mudança muito drástica. Diferentemente da minha irmã, que era ainda bebê, eu já tinha idade suficiente para entender o que estava acontecendo. Eu me sentia impotente. É a sensação que muitos filhos têm quando os pais perdem as bases financeiras e tudo muda de uma hora para outra. Naquele momento, eu percebi que mesmo o que parece sólido como uma rocha pode deixar de existir de uma hora para outra... porque depende de uma carteira assinada.

Esse fato me marcou profundamente. E eu mal poderia imaginar que, em um futuro não tão distante, ele seria definidor para que eu tomasse as decisões que mudariam para sempre o rumo da minha vida.

Nova escola, nova realidade

Naquela idade, eu ainda não sabia desse futuro. Apenas sonhava com ele enquanto tentava me adaptar à nova realidade que se apresentava: chegar sozinha em outra escola sem conhecer ninguém. Porque, é claro, foi essa a opção da minha mãe ao escolher minha nova instituição de ensino: me colocar novamente em um lugar completamente desconhecido para que eu pudesse ir além do confortável.

Olhando para esse passado com distanciamento, creio que ela estava certa.

Foi bom (e formativo) eu não ter tido muitas oportunidades para me acomodar. A estabilidade, para muitos, é desejável, mas ela pode nos tornar dependentes da situação externa.

Tudo o que aparentemente é imutável nos faz pensar que é só ir levando e nada vai se mover. Porém, quando não temos uma esta-

Foi bom (e formativo) eu não ter tido muitas oportunidades para me acomodar. A estabilidade, para muitos, é desejável, mas ela pode nos tornar dependentes da situação externa.

Joyce Rodrigues
CRIE SUA PRÓPRIA SORTE

bilidade garantida, isso nos obriga a buscar liberdade em relação às condições exteriores. Caminhar todo dia em direção a algo que nos firme como profissionais no que quer que tenhamos escolhido fazer e construir uma base sólida *dentro de nós mesmos* é o que nos possibilita estar em qualquer lugar e recomeçar quando necessário.

Por mais difícil que seja.

No entanto, enquanto ainda estamos aprendendo as lições de um recomeço, atravessando um túnel sem saber o que existe do outro lado — nem se ele terá fim —, é essencial contar com uma certeza interna de que, da mesma forma que a estabilidade não é permanente, as nossas penas também não são.

Minha mãe, nesse processo, foi um pilar fundamental. Foi ela quem deu o apoio necessário para que meu pai abrisse os olhos para além da sua ruína e percebesse tudo o que ele sabia fazer. Como ele dirigira caminhões no Exército, ela o animou a trabalhar prestando esse serviço como autônomo, e assim ele foi se levantando. Devagar, dando um passo por dia.

Para mim também foi uma lenta adaptação. Imagine alguém que frequentava uma escola particular e tinha à disposição, todos os dias, uma pessoa que cortasse a maçã que você comeria no lanche. Então, de um dia para o outro, você vai para uma escola onde quem não "paga o lanche" necessariamente é agredido.

Comigo foi assim.

Uma de minhas colegas, muito mais alta que eu, riscava todo o meu caderno e ameaçava me bater se eu não desse a ela o dinheiro que minha mãe colocava na minha mochila para comprar o lanche. Eu passei a pagá-la diariamente, até que minha mãe descobriu e levou a história para a diretoria.

"É só uma fase", ela dizia para nos confortar.

Com sete anos, eu acreditava que seria mesmo só uma fase, mas, quando me tornei uma adolescente, percebi que não seria bem assim. Eu testemunhava, todos os dias, meus pais trabalhando sem parar para que nós tivéssemos uma vida melhor, mas foi ficando cada vez mais claro que isso seria muito difícil.

Apesar de eles serem muito batalhadores, em nenhum momento tiveram facilidade na vida. De fato, minhas percepções se confirmaram, e, durante todo o meu período escolar, aquela fase de estabilidade anterior nunca retornou. Eu nunca voltei para a escola particular e a realidade do ensino público foi meu cotidiano até o fim do ensino médio.

Assumir a responsabilidade por todos os meus atos: essa bola eu peguei para mim

Muito antes de ser financeiramente independente, eu tinha noção do valor das coisas e da responsabilidade sobre minhas escolhas. Por exemplo, nós tínhamos uma data certa para comprar roupa. Em um desses dias, fomos a uma loja (onde ainda se comprava "por caderneta") e meu pai falou: "Joyce, pode escolher o seu tênis".

Na época, eu queria o Dallas. Era um tênis de marca, preto, mas fui olhar na vitrine e ele era muito caro. Ele disse que eu poderia pegar, mas acabei respondendo:

— Deixa, pai, eu vou querer um modelo mais barato mesmo.

Eu queria muito aquele Dallas. De verdade. Mas a vontade de ajudar meus pais era maior. Eu tinha noção do quanto ele trabalhava, e, por mais que ele permitisse, por mais que ele não se importasse, eu não conseguia gastar os recursos que vinham dele para nada além do essencial. Isso valia para tudo: se ele me dava dinheiro para comprar maçã do amor na quermesse, eu voltava com o dinheiro intocado. Eu sinceramente achava que isso, não gastar o dinheiro do meu pai, significava ser uma boa filha.

Talvez esse comportamento tenha se originado em outra fala da minha mãe: "Joyce, você tem que ser o exemplo". Eles sempre cobravam muito, e, como eu era a filha mais velha, buscava responder às suas expectativas. Nem uma mentirinha inocente passava batido. Certa vez, quando eu voltava da escola a pé, resolvi fazer hora num parquinho. Preocupada com a demora, minha mãe saiu para me procurar e me encontrou no caminho, já voltando para casa. Quando perguntou o motivo do atraso, eu disse que a professora havia me segurado.

Pra que eu fui mentir? Ela já foi logo dizendo:

— Eu vou lá conversar com a sua professora! Quero ver quem ela pensa que é pra segurar uma filha minha.

Nessa hora, a verdade saltou. Confessei.

Como essa severidade dos meus pais sempre foi equilibrada com muito amor e atenção, eu confiava muito neles, não queria decepcioná-los. Talvez até tenha levado a vida muito a sério, nunca me permitindo fazer nem uma besteirinha que fosse, porque eu sabia que teria consequências.

Esse comportamento hoje se manifesta como uma ética pessoal. Fazer o que eu acho o correto a fazer, havendo ou não alguém me assistindo. Tal atitude foi forjando no meu interior um profundo senso de responsabilidade. E, ao contrário do que muita gente imagina, isso não é um peso.

Assumir a responsabilidade por tudo o que eu faço é o que permite que eu tenha poder sobre minha própria vida, que eu me sinta menos à mercê dos fatores externos, da ação de outras pessoas.

Muita gente foge da responsabilidade e coloca a culpa dos infortúnios nos outros, na empresa, na vida. No entanto, abrir mão da tua parcela de responsabilidade não te coloca em um lugar mais suave: isso te aprisiona. O que pode realizar alguém imaturo, que não sente que tem as ações da vida nas próprias mãos?

Assim como a falsa estabilidade, a irresponsabilidade também tem suas consequências. A maior delas é uma vida estagnada, sem crescimento. A responsabilidade te coloca frente a frente com desafios constantes, sem a facilidade de sair pela tangente, mas justamente por isso te fortalecendo a cada passo.

Como a natureza não amadurece de uma só vez, um passo não pode ser dado antes que o anterior aconteça, e a gente só cresce quando se põe a caminhar. Por isso, por mais que às vezes eu sinta ter passado da conta em minha seriedade, considero que essa atitude perante a vida foi um dos principais fatores que me trouxeram até onde estou agora.

A vida é minha, eu me responsabilizo por ela. Assim, colho os frutos da minha maturidade.

Assumir a responsabilidade por tudo o que eu faço é o que permite que eu tenha poder sobre minha própria vida, que eu me sinta menos à mercê dos fatores externos, da ação de outras pessoas.

Joyce Rodrigues
CRIE SUA PRÓPRIA SORTE

Estude, estude, estude

"Joyce, só tem um jeito de você ser alguém: estudando e trabalhando."

"Nunca dependa do seu marido. Nunca dependa de ninguém!"

Essas são outras frases que eu cresci escutando da dona Rose. Às vezes, ditas de forma bem dura, proferidas entre a lavagem de uma roupa e outra no tanque. Ela falava com um grande espírito de urgência, como se minha sobrevivência dependesse disso.

Bem compreensível.

Quantas mulheres e famílias sofreram, como ela, as consequências do abandono paterno? Só no Brasil, temos mais de 11 milhões de mães solo, dentre as quais 57% vivem abaixo da linha de pobreza.[*] O que elas fazem diante da necessidade de trabalhar e sustentar os filhos?

Meu pai era muito presente, mas infelizmente nossa realidade não é a regra. E, por mais que ela desejasse o melhor para mim, com o intuito de me preparar para um mundo com tais estatísticas, este foi o melhor legado que poderia me deixar: *conhecimento e independência.*

Essas duas palavras valem mais que ouro. Porque o ouro pode ser perdido, mas a riqueza que desenvolvemos dentro de nós caminha conosco para sempre. E esses valores não são relevantes apenas para evitar o sofrimento causado por um possível abandono ou outras adversidades. Conhecer em profundidade a natureza das coisas e construir uma realidade com a maior independência possível colabora para uma vida com mais realização e felicidade.

Sempre acreditei nisto: o conhecimento é libertador em si, pois amplia os horizontes e te coloca em contato com pessoas e lugares distintos, expandindo nosso universo particular. E, para que de fato possamos dizer que temos alguma independência, é necessário termos desenvolvido em nós outras grandes virtudes: coragem, fé e determinação.

---

[*] Dia das Mães: a vida das 11 milhões de brasileiras que criam os filhos sozinhas. Disponível em: <https://g1.globo.com/fantastico/noticia/2020/05/10/dia-das-maes-a-vida-das-11-milhoes-de-brasileiras-que-criam-os-filhos-sozinhas.ghtml>. Acesso em: 1 fev. 2024.

Minha primeira experiência profissional e o desejo de empreender

Dando um passo de cada vez, meu pai se reergueu. Ainda sem facilidades, mas já proprietário do próprio caminhão, ele conquistou certa autonomia no ramo de transportes.

Então surgiu uma oportunidade: a compra de uma padaria.

Era um negócio completamente novo para ele. Como parecia promissor, Carlos decidiu investir, mas precisou somar recursos com outros dois sócios e se revezar entre períodos de trabalho e funções.

Meu pai se debruçou sobre esse novo empreendimento, aprendeu as particularidades do negócio, e em pouco tempo o lucro já era muito bom. Tudo indicava que as coisas, finalmente, começariam a melhorar.

Eu estava maravilhada. Adorava ficar na padaria e fazer qualquer coisa que pudesse ser útil. Cortava frios, servia as mesas, separava os ingredientes para o padeiro fazer as pizzas... Carlos Rodrigues, protetor, dizia que aquilo não era necessário, mas eu não queria ser a filha do dono, queria trabalhar! Eu achava o máximo ter o próprio negócio, era tão inspirador para mim, que eu era capaz de passar horas no estabelecimento, trabalhando sem parar, assim como meu pai fazia.

Aquela sensação de me dedicar a algo para fazer crescer me contagiou para sempre. Eu sentia que não fazia aquilo apenas por necessidade, mas por um instinto de que isso também seria o meu destino. Não a padaria em si, mas o espírito empreendedor, aquele que exigia o melhor de mim, mas me recarregava com uma sensação boa de estar no meu lugar.

Com tanta dedicação, prosperamos. Conseguimos, enfim, fazer as melhorias tão necessárias na nossa casa, avançando com a construção. Também trocamos de carro e poderíamos até viajar, o que não foi possível apenas pela necessidade de estar sempre presente no negócio. A padaria tinha tudo para dar certo, e realmente deu.

Pelo menos por um tempo.

Nem só de demissões vive uma queda

Meu avô Samuel Batista Rodrigues, pai do meu pai, sempre foi uma pessoa iluminada. Certo dia, ele pediu para visitar a padaria. Chegando lá, ele se ajoelhou no chão e ficou um tempo ali, orando. Depois disse, simplesmente:

— Filho, isso aqui tem tudo para dar certo, mas infelizmente não vai dar. Você vai cair, e eu não vou estar aqui pra te ajudar. Mas você vai se levantar.

Talvez meu avô tivesse uma sensibilidade muito grande para intuir processos, porque, por mais estranho que possa parecer, o que ele descreveu foi exatamente o que aconteceu. Algum tempo depois, meu pai sofreu um golpe dos sócios, que o roubaram descaradamente.

Como meu pai trabalhava no turno da manhã, praticamente todas as compras eram feitas por ele, que assinava tudo como responsável. Quando descobriu o desfalque, constatou que já estava envolvido em dívidas imensas que recaíam justamente sobre o seu nome. Com medo de que as coisas piorassem, apesar de ser um negócio lucrativo, meu pai decidiu pela venda, para ver se conseguia recuperar algum patrimônio.

Foi então que tudo desabou de vez.

Um dos sócios indicou um interessado que comprou a padaria com tudo dentro e... simplesmente não pagou!

Resultado: meu pai perdeu tudo o que tinha e teve que recomeçar de novo.

De novo.

De novo.

Esse fato abalou minha família. Foi ainda pior que no momento anterior. Para comprar sua parte no negócio, ele havia vendido o caminhão, então após esse segundo golpe ficou com uma mão na frente e outra atrás. Sem nada.

Nada.

Nada.

*

Essa queda aconteceu em 1996, quando eu estava com doze anos. Minha entrada na adolescência foi marcada por essa situação.

Meu pai passou o primeiro mês jogado na cama, sem forças para se levantar. Dois meses depois, meu avô, que havia previsto tudo, faleceu. E, ainda que sua profecia terminasse com "mas você vai se levantar", não havia qualquer sinal de como isso poderia acontecer.

*

Não sei por que coisas como essas acontecem. Às vezes, parece que um terremoto vem inteiro, compactado, num pacote embrulhado, atingindo praticamente todas as áreas da vida.

Mas um pilar seguia firme: dona Rose, com sua fé inabalável. Minha mãe tinha certeza de que as coisas poderiam ficar bem de novo, e foi, uma vez mais, a fonte de força da família.

*

Em um determinado dia, quando meu pai ainda estava na pior, sem nenhum horizonte e com oficial de justiça vindo em casa cobrar dívidas de máquinas que haviam sido compradas para a padaria, ele dormiu e sonhou com meu avô.

Estavam em um jardim muito verde, e Carlos, encostado em uma árvore, ouviu: "Filho, acalme seu coração. Isso tudo vai passar e você vai se reerguer de novo".

Foi aí que ele despertou. Não apenas do sonho, mas daquele estado de inércia.

Minha mãe, aproveitando o momento, afirmou, resoluta:

— Eu tenho meu nome. Posso pegar um empréstimo no banco, e a gente recomeça!

Assim, apoiado pela doce e firme Rose, Carlos Rodrigues voltou para o ramo de transportes. Comprou outro caminhão e passou a trabalhar quase 24 horas por dia para recuperar o que havia perdido.

Meu avô estava certo. Com muita garra, ele conseguiu se reerguer.

Levantar, levantar, levantar. Quantas vezes for preciso

Certa vez, uma pessoa me falou: "Joyce, você não se importa de começar quantas vezes for necessário. Você tem muita força, mesmo que tenha medo".

Sem falsa modéstia, posso dizer que é verdade.

Em parte, essa foi uma lição aprendida ao longo de todos os anos em que acompanhei o esforço da minha família. A resiliência foi uma das mais importantes heranças que recebi dessa história, juntamente com a honestidade e a força de vontade.

Por mais que a sorte ajude, eu acredito que as conquistas se devem muito mais à vontade (no sentido de intenção direcionada) e à disposição de superar as situações adversas que se apresentam no caminho. Em outras palavras, eu tento, tento, tento até o que eu quero que aconteça dar certo.

E, assim como aconteceu com meu pai, as coisas não deram certo para mim nem na primeira nem na segunda vez. Apesar dos muitos desafios que foram se impondo, acreditar que "enquanto não está bem é porque não acabou" sempre me ajudou muito. Por isso, eu nunca tive medo de recomeçar. Nem de perder.

Não que eu goste de perder. De jeito nenhum! Fico com muita raiva quando acontece, mas isso nunca me impediu de arriscar. O risco é parte da vida. Quanto mais confiança temos em nossa capacidade de recomeçar, menos tememos as intempéries. Por mais que elas doam, por mais que nos derrubem.

Então, naquele momento em que eu, uma vez mais, testemunhava meu pai se levantar dos escombros, travando uma batalha pela reconquista da sua independência, resolvi que era hora de começar a trilhar a minha própria história.

Àquela altura da vida, eu, que havia muito já sonhava com meu próprio negócio, que tinha sido capturada pelo êxtase do trabalho e experimentado o gosto doce de ser dona do meu destino, não tive mais dúvidas: fui atrás do meu primeiro emprego, o primeiro passo para a construção da minha própria história.

cápsulas de aprendizado

É importante tomar um tempo para saber onde se quer chegar. A resposta ajuda a traçar um sentido, a ter foco, é um farol que nos guia em todas as outras escolhas da vida. O tempo esclarece qual direção tomar nas encruzilhadas, mostra as renúncias que devem ser feitas para que possamos evitar dispersões e os riscos que vale a pena correr, apesar do medo.

———

Nossa realidade exterior pode mudar a qualquer momento porque não temos o controle de todos os fatores que nos cercam. Então, onde vive nossa segurança? Para mim, ela está na força dos vínculos afetivos que formamos e na confiança depositada na nossa capacidade de dar a volta por cima. Preferencialmente, juntos.

———

Tornar-se corresponsável por tudo o que nos acontece na vida (até pelos eventos que chegam sem que tenhamos desejado) é uma maneira de não ficar à mercê dos acontecimentos e de tomar o destino nas próprias mãos. Não podemos controlar o que nos acontece, mas podemos nos responsabilizar pela maneira como vamos atravessar as situações. E essa atitude muda tudo.

———

Qualquer situação difícil tende a se harmonizar, porque uma tempestade é sempre seguida pela bonança. No entanto, podemos também considerar o contrário: "nem toda bonança é segura, porque sempre virá uma próxima tempestade". Então, qual é a sua escolha? Eleger como verdade a visão que te imobiliza no medo ou aquela que te dá forças para avançar por acreditar que tudo pode terminar bem?

———

4.

Sentindo na pele o perfume do propósito

Confesso: eu já não aguentava mais

Por mais que eu honrasse a luta do meu pai contra os seus inúmeros desafios, por mais que eu admirasse minha mãe pela força de sustentar sua fé, eu não aguentava mais não ter a vida que eu queria.

Meu futuro desejado era expresso em objetos simples, porém concretos. Como o tênis Dallas de que eu abri mão por não querer gastar demais, ou uma cama rosa da Giorgio Nicoli que eu sentia ser feita para mim. Coisas que outras pessoas tinham, coisas que eu queria ter, sabia que um dia teria, mas não aguentava mais esperar que esse dia chegasse.

— Mãe, por que eu não posso ter uma cama dessa? — eu perguntava, mesmo já conhecendo a resposta.

— Nós estamos construindo, seu pai trabalha duro, você tem que ter paciência; logo, logo vai ter o seu quarto... — ela respondia, sabendo que eu compreenderia. É claro que sim, eu não era uma pessoa leviana, fútil ou alienada. Mas compreender é uma coisa; aceitar é outra.

"Logo, logo", ela dizia. Eu já sabia que não seria logo. Para chegar a esse ponto, ainda seria necessário um loooongo tempo. Para mim, era uma grande frustração não ter minha cama rosa e ainda mais ter que dormir na sala. A casa ideal ainda era um sonho distante.

Por isso, apesar dos protestos do meu pai, que preferia me ver concentrada apenas nos estudos, começar a trabalhar era o meu plano para acelerar esse futuro.

Trabalhar por quê? (tente não responder tão rápido)

— Joyce, se você trabalhar, vai ter que estudar à noite. Se estudar à noite, não vai conseguir se concentrar. Nada contra você trabalhar, mas não é isso que vai fazer você crescer.

Evidentemente, meu pai se referia a um tipo de trabalho mecânico, desvinculado de um ofício com sentido.

Uma profissão, uma formação: era isso que meus pais queriam para mim, para que eu pudesse ir além do que eles haviam conquistado.

A plena convicção que eles depositavam na importância do conhecimento fez com que, mesmo com todas as dificuldades, eles não só garantissem um tempo de qualidade para eu cursar o ensino médio, como também me pagassem um curso de inglês. E foi justamente a caminho desse curso que encontrei a solução para a missão quase impossível com a qual meu pai me desafiou:

— Se você conseguir um trabalho que te permita seguir estudando de manhã e fazendo seu curso de inglês, então pode trabalhar.

Ele achou que eu não iria conseguir... mas, quando você caminha na direção do seu destino, o improvável acontece. Andando pela rua, vi o anúncio de uma vaga de atendente em uma farmácia de manipulação. Chamava-se Manipule, e existe até hoje. Sem a menor dúvida, me candidatei. E, mesmo concorrendo com uma candidata mais velha que eu, provavelmente com mais experiência, consegui o emprego.

Em 8 de setembro de 1998, fui registrada no meu primeiro emprego como recepcionista! E em meio período.

Depois de tanto dizer sim à vida, recebi dela uma grande confirmação.

Para fazer dar certo: negociando o tempo e investindo os ganhos

O destino fez a sua parte; agora, a negociação era comigo. Porque, por mais que tudo parecesse ter se encaixado, os horários ficaram tão apertados que era necessário fazer alguns ajustes.

Eu morava e estudava em Santo André, mas a unidade na qual iria trabalhar ficava em São Bernardo. Então, pedi permissão à diretora da escola para sair dez minutos mais cedo, e esse era o tempo de correr para casa, tirar o uniforme, engolir o almoço (quando dava) e pegar o ônibus de Santo André para São Bernardo, onde eu trabalhava até as dezoito horas. Às terças e quintas, ainda estudava inglês à noite, até as dez. Às vezes, chegava em casa por volta de 23h30.

Era esse o preço a pagar pelo começo do meu projeto de realização. Quanto eu ganhava? Duzentos e cinquenta reais por mês.

Achou pouco? Eu considerava uma quantia alta! Eu simplesmente amava meu salário, porque ele era o início de uma vida de independência.

Meu pai acabou se rendendo e ficou muito feliz. Ainda me recomendou investir metade do que eu recebia no consórcio de uma moto. Segundo ele, essa era uma forma garantida de guardar dinheiro: "Quando fizer dezoito anos, você tira a moto e dá de entrada no seu primeiro carro".

E assim aconteceu.

Mais adiante, comprei um golzinho branco daquele modelo quadrado, que entrava fumaça dentro. Não me importava. Era uma conquista, e, assim como aquela meia medalha de matemática, digna de ser celebrada.

Esse foi o começo da minha trajetória profissional.

Fiquei mais de dois anos na farmácia. Sou muito grata a esse tempo, porque, muito mais que uma primeira oportunidade de emprego, o que recebi daquela experiência foi o primeiro contato com meu propósito de vida.

Isso não tem preço.

Epiderme... derme... derme...

Os proprietários da Manipule eram um casal de farmacêuticos, dra. Marcia Alexandroni e dr. Jorge Manuel Pereira Dias. Eu admirava muito a inteligência deles, a maneira como administravam os negócios e o conhecimento que tinham sobre os produtos que fabricavam. Além do setor de medicamentos, a empresa produzia também uma linha de cosméticos chamada Nakala.

Como o meu trabalho era atender no balcão, para que eu realizasse bem as minhas vendas, era necessário entender um pouco dos produtos. Por isso, o dr. Jorge decidiu me dar algumas explicações sobre o funcionamento da pele.

Foi um dia inesquecível. A aula foi breve, mas me marcou profundamente. Quando o dr. Jorge me explicou como a pele era por dentro, como tudo acontecia, me encantei pelo tema. Não eram apenas informações, eram como linhas em um mapa que traçavam claramente minha rota.

Epiderme, derme. Epiderme, derme. Essas palavras soaram como música. Sua vibração despertou algo dentro de mim. Epiderme, derme.

Meu futuro se desenhou, bem claro: "Meu Deus, é isso! Eu quero ser assim! Eu quero ter uma farmácia!".

*

Aquele foi um dos momentos mais importantes da minha vida. Porque uma das descobertas mais essenciais que podemos ter é a certeza do nosso lugar no mundo.

Esse contato, ainda que sutil, não deixa dúvidas: tem cheiro de destino. É importante conseguir identificar quando ele acontece, porque traz uma das maiores preciosidades.

Não é uma informação racional, é uma sensação física, quase eletrizante; algo que remexe em todas as células, faz brilhar os olhos e traz alegria só de se imaginar dando o primeiro passo na direção da sua realização.

Diferente de um desejo ou um capricho, o qual assim que é conquistado perde imediatamente seu brilho, o propósito desenha para nós uma trilha feita por diamantes que, por mais que imponha dificuldades, percalços, desafios, nunca deixa dúvidas sobre o seu valor.

Há uma palavra que define a sensação: epifania. Um flash de pura compreensão.

Derme, epiderme, derme, epiderme.

Encontrar a trilha que nos levará aonde precisamos ir é um dos momentos mais preciosos da vida. E isso tudo aconteceu ali, num momento banal, quando eu, ainda uma simples atendente, recebia instruções sobre um produto que iria vender.

Os sinais não precisam ser fogos de artifício. Em geral, não são. Mas, quando aparecem, não deixam dúvidas.

Como se começa a concretizar um sonho?

Depois dessa experiência, eu me tornei a melhor vendedora da linha, porque todo aquele encantamento transbordava para o outro lado do balcão cada vez que eu apresentava o produto e suas aplicações. Também era evidente que, tendo descoberto esse mundo, eu não planejava passar o resto da vida ali.

Em um primeiro momento, meus planos para o futuro eram: ter uma farmácia, desenvolver uma linha de produtos e abrir uma clínica de estética onde eles seriam vendidos. Nessa época, eu tinha por volta de dezesseis anos e jamais poderia sonhar em ter uma indústria. Mas, como estava já finalizando o ensino médio e não tinha qualquer dúvida sobre qual faculdade cursaria, fiz um planejamento.

O projeto era ambicioso: eu precisaria, ao mesmo tempo, ser uma especialista em pele e aprender sobre gestão de negócios. Praticamente duas formações distintas, mas que davam as mãos no meu sonho de futuro. Isso significava muito trabalho: além do aprendizado que me esperava na faculdade, eu já teria que me preparar para ser uma empresária, buscando todas as informações necessárias para começar a montar meu negócio.

Como ainda estava trabalhando na farmácia, era ali mesmo que começaria a minha pesquisa. Dessa forma, sempre que passava pelo laboratório para pegar as encomendas dos clientes, eu aproveitava para conversar com as farmacêuticas e analistas, perguntando tudo o que eu podia. Assim, fui fazendo anotações e aprendendo.

Quando acreditei ter reunido todas as informações necessárias para abrir minha própria farmácia, fiz um esquema. Pelos meus cálculos naquela época, o investimento necessário para começar somaria aproximadamente 100 mil reais.

Cem. Mil. Reais.

Onde eu conseguiria 100 mil reais?

Eu não tinha ideia, mas daria um jeito.

Não é uma informação racional, é uma sensação física, quase eletrizante; algo que remexe em todas as células, faz brilhar os olhos e traz alegria só de se imaginar dando o primeiro passo na direção da sua realização.

Joyce Rodrigues
CRIE SUA PRÓPRIA SORTE

Aprendendo um pouco mais

Por mais ousada que eu fosse, sabia que um salto como aquele não poderia ser dado de um dia para o outro. Então, sem perder de vista a meta estabelecida, continuei trabalhando como funcionária até conseguir todas as condições materiais que havia calculado.

Enquanto isso não acontecia, surgiam novidades. Já sentindo que precisava mudar de ares, enviei alguns currículos e fui convidada a trabalhar em outra farmácia, o que aceitei prontamente. Por mais que fosse grata ao que aprendera na Manipule, era hora de encerrar aquela primeira etapa da minha vida.

Assim, em 1º de setembro de 2001, quase três anos depois do meu primeiro registro, fui efetivada na Pharmafórmula, sediada em São Caetano. Dessa vez, eu não poderia trabalhar apenas por meio período, mas como já estava no último ano do ensino médio, meu pai concordou que eu passasse para o ensino noturno. Nessa empresa eu também comecei na recepção, como auxiliar de atendimento, mas logo fui promovida para o controle de qualidade. Um novo desafio, mas ainda não era o suficiente para aprender tudo o que eu precisava.

No dia a dia, eu fazia meu trabalho o mais rápido possível e usava o tempo restante para ir até o laboratório e aprender a fazer os cremes. Sempre me oferecia para ajudar, e a farmacêutica, de bom grado, me ensinava.

Até que, um belo dia, ela pediu demissão.

Quando vi a diretora da empresa lamentando a saída da farmacêutica, prontamente ofereci a solução:

Eu sei como fazer!

Por conta dessa ousadia, assumi pela primeira vez um laboratório de dermatologia.

Nessa época, eu já cursava o primeiro ano de Farmácia na Universidade São Judas Tadeu, na Mooca. Foi a escolhida entre as três faculdades em que fui aprovada porque, segundo minha avaliação, a farmacotécnica deles era a melhor. De fato, o professor de engenharia química era espetacular. Como eu já trabalhava em farmácia de manipulação, esse diferencial era importante.

Uma vez que eu trabalhava de dia e estudava à noite, eu chegava em casa quase meia-noite, após saltar do último ônibus disponível. Apesar da minha disposição, o cansaço era constante. Eu ainda dormia na sala de casa, e perdi a conta de quantas vezes caí no sono assim que cheguei, vestida com a roupa do dia.

Mas esse não era o único sacrifício que eu precisava fazer.

Apesar de já estar trilhando o caminho do meu sonho, o dinheiro que eu recebia era pouco. E isso trazia outras consequências.

Quanto custa para estar na trilha?

Minha faculdade custava caro. Tudo o que eu ganhava trabalhando na farmácia, todo o meu salário, eu investia na mensalidade. Tu-do. E, ainda assim, não dava. Meu pai completava com 250 reais.

Isso era o suficiente para pagar o boleto, mas não para outras despesas. Veja bem, não estou falando de caprichos, mas de necessidades, como pagar xerox de material didático, transporte e... comer. Sim, comer. Eu saía do trabalho e ia direto para a faculdade, muitas vezes sem ter como comprar nem um lanche. Para disfarçar a fome, tomava água.

Fazer isso por um tempo é até possível, quando a causa é nobre. E era, eu estava me instrumentalizando para que meu sonho se realizasse. Contudo, sustentar essa situação por anos a fio não seria viável. É impossível aprender com o corpo padecendo, e ficou evidente que eu precisava de uma fonte extra de receita o mais rápido possível.

Então, uma oportunidade surgiu, trazida por uma amiga da farmácia. Ela servia mesas em bufês nos fins de semana e me convidou para trabalhar com ela. Topei na hora!

Servir mesas. Eu sei que muita gente faz isso por vocação, e é um trabalho tão honrado como qualquer outro. Mas não era o que eu queria para mim. Eu não nasci para ser invisível, e é exatamente isso que acontece quando você cumpre essa função. Eu trabalhava em festas grandiosas, cheias de gente. Mas caminhar entre as pessoas e não ser sequer olhada nos olhos me trouxe uma sensação diametralmente oposta àquela que eu experimentava quando fazia meu trabalho na farmácia. Manipular cosméticos fazia eu me sentir viva. Servindo mesas, era como se eu não existisse. Era horrível.

Porém, cada vez que a frustração vinha à tona, eu pensava: "Joyce, trabalha, trabalha... É só por um tempo... Vai chegar a sua hora...".

Por mais que fosse duro, ficou muito evidente, para mim, a diferença: uma coisa é se dedicar ao que você veio fazer no mundo, outra é sentir que sua ação está esvaziada de sentido.

Eu nunca tive problema em trabalhar quando estava realizando o que sentia ser meu caminho de vida. Fiz turnos de mais de dezesseis horas por dia, incansavelmente, quando se tratava de construir meu sonho, mesmo quando ainda era uma funcionária. Nada prospera sem dedicação, nada.

Mas esse empenho não é tão fácil de conseguir se você não vê sentido na sua ação. Quando o trabalho não está alinhado com seu sonho, não há esforço que chegue. Pelo menos não a longo prazo.

Por outro lado, o que aprendi com essa experiência é que, para consolidar um projeto, é necessário cumprir etapas.

Naquele momento da vida, eu tinha certeza de que estar na faculdade era o passo que me levaria aos seguintes, e o trabalho no bufê era um apoio provisório para que eu me sustentasse. Saber que eu faria aquilo somente por um tempo me dava forças para superar a minha contrariedade e ainda ser grata pelo recurso que chegava quando precisava.

Isto é importante: entender onde se quer chegar, mas ter paciência para fazer o que não agrada, se for necessário. Muita gente reclama da falta de oportunidades, mas não percebe que a vida às vezes nos coloca à prova. Honrar essas necessidades me fortaleceu e, assim como eu imaginava, em pouco tempo, o trabalho servindo mesas pôde ser substituído por outro, bem mais alinhado com meu caminho: ser monitora no laboratório de farmacotécnica da faculdade.

Essa oportunidade surgiu a convite de um professor que percebia meu empenho e interesse, e consistia em auxiliá-lo no laboratório e em sala de aula, trabalhando inclusive todos os sábados, até as cinco da tarde. Como a monitoria era remunerada com desconto na mensalidade, compensava. E assim minha vida ficou cem por cento alinhada com o que eu queria fazer.

Quando a vida te pede um salto

Um belo dia, eu estava na faculdade e passou uma pessoa na sala falando de uma vaga de estágio na Pierre Alexander, uma empresa de cosméticos. Eu pensei: "Meu Deus, eu tenho que me candidatar!".

Mas não seria tão simples.

Eu seguia com meu trabalho na farmácia, já havia sido até promovida, com salário melhor. E registrada. Teria que deixá-lo para ser uma estagiária.

Corda bamba.

Instabilidade.

O que fazer?

Não tive dúvidas. Por incrível que pareça, me inscrevi sem hesitar. Minhas amigas me chamaram de louca, mas eu sabia ser exatamente isso o que eu tinha que fazer. Trabalhar com cosméticos era a minha meta, e ela estava ali, brilhando, na minha frente.

Derme, epiderme, derme, epiderme...

Aquela vaga seria minha.

cápsulas de aprendizado

Um caminho nunca é igual ao outro. O que é bom para uma pessoa pode ser a ruína de outra. Então, em vez de buscar modelos externos do que é um percurso de realização e felicidade, é importante sentir o que ressoa dentro de você. Nosso destino nos manda sinais claros, mas é necessário que eles sejam validados por nós mesmos. Eis uma boa pista: quando, diante de uma possibilidade de ação no mundo, você sentir uma súbita inspiração e vontade de seguir por ali não pelas vantagens que vai receber, mas por acordar todos os dias para servir a essa causa, é porque você encontrou sua trilha.

A prosperidade não vem do nada; é necessário fazermos nossa parte. Ela é resultado de trabalho com ritmo e constância, de termos gratidão pelas colheitas de todos os dias e gosto pelo que estamos fazendo. Ao alinharmos esses três aspectos, mesmo que nosso caminhar esteja repleto de desafios, vamos avançando passo a passo.

A prosperidade começa a se manifestar em nossa vida logo que nos colocamos na trilha do que viemos fazer. Ela não chega, necessariamente, na forma de dinheiro, mas trazendo os recursos para que sigamos caminhando. Aprender a ler os sinais de prosperidade em nossa vida é essencial, porque eles também são marcos indicadores de que estamos no rumo da nossa realização.

Nem sempre tudo está dado facilmente. Às vezes, para termos os recursos necessários para seguir caminhando, é preciso abraçar alguma oportunidade que aparece em nossa frente, mesmo que não seja exatamente o que gostaríamos de fazer. Entender esse momento como temporário, uma ação necessária enquanto condições melhores não aparecem, é o que nos dá força para atravessar e seguir trabalhando.

———

Por outro lado, é importante ter cuidado para não desviar da rota. Ou seja, mesmo que por um tempo você não esteja trabalhando exatamente com o que quer, nunca perca de vista seus objetivos. Novas chances virão se você sempre se lembrar do lugar onde quer chegar.

———

Em outros momentos, as oportunidades que claramente têm a ver com a nossa rota traçada se manifestam de maneira desafiadora. Podem parecer um retrocesso ou exigir de nós alterações radicais, perdas salariais, mudanças de casa (ou até de cidade), renúncia a uma situação de maior estabilidade. Seja qual for o caso, quando a vida te pedir um salto de fé, a entrega que esse movimento demandar é a sua cota de investimento no que é verdadeiramente importante para você. Se você estiver caminhando para onde tem que ir, não se arrependerá!

———

5.

Quanto se ~~perde~~ INVESTE por um sonho?

Ainda não era para ser

A vaga de estágio na Pierre Alexander era para controle de qualidade.

Participei das entrevistas e dos testes, muitas provas de química, do processo seletivo. Passei na primeira fase. A segunda era uma conversa com a gerente.

A primeira coisa que ela me perguntou foi se eu já havia trabalhado em controle de qualidade, e eu disse que sim, afinal, era aquele o meu papel na farmácia onde eu estava. Senti que a vaga estava mais próxima, eu tinha experiência!

— O que você mais gosta de fazer nas horas vagas? — foi a segunda pergunta.

— Eu adoro trabalhar em produtos novos! — respondi, com os olhos brilhando.

O que aconteceu depois?

Eu não fui aprovada.

Não.

Como não?

Ninguém me respondeu.

Eu liguei para a empresa mais de vinte vezes. Sério. Até que uma pessoa me disse: "Você não foi aprovada porque seu perfil não é para controle de qualidade, e sim para trabalhar no P&D, pesquisa e desenvolvimento".

Era verdade. A mais pura verdade. Mas, naquele momento, eu vi essa resposta como um adiamento do meu sonho e fiquei muito triste.

Essa perda, mesmo aparente, me lembrou de todas as anteriores. Não apenas as minhas, mas também as do meu pai. De todos os fracassos. Da morte do meu avô. Eu amava muito meu avô, ele sempre foi um grande pilar espiritual na minha vida.

Eu fiz uma oração tão grande, tão grande... Não sei por que fiz isso, mas pensei nele e pedi que me ajudasse, por mais louco que parecesse. Depois disso, senti um conforto grande no coração.

Passados dois meses, recebi uma ligação.

De quem? Da Pierre Alexander, me falando sobre uma nova vaga de estágio. Dessa vez, em pesquisa e desenvolvimento.

Novas provas, tudo de novo.

Lá fui eu.

Adivinha o resultado?

Alegria que vem com desafio

Em 21 de janeiro de 2004, consegui meu terceiro registro: analista de desenvolvimento. Quando entrei no laboratório da empresa, imenso, eu me senti a pessoa mais realizada do mundo. Eu estava radiante!

Eu trabalhava com cinco pesquisadores. Uma moça da equipe me aconselhou a não ter muitas expectativas porque a empresa nunca havia efetivado estagiários antes. Ou seja, por mais que trabalhar ali fosse um sonho, minha realidade era: estabilidade zero.

E esse não era o único problema. Meu salário como estagiária era a metade do que eu ganhava antes. O que fazer sem ganhar a outra metade? A vida era contada na ponta do lápis, lembra? Não havia sobras nem reservas.

Minha primeira mudança foi deixar o carro na garagem, porque o dinheiro não daria para a gasolina. Optei pelo fretado da empresa, e meu pai ajudava me deixando na metade do caminho. Acordava às cinco da manhã para isso. No final do expediente, o fretado me deixava no centro de Santo André e eu ia para a faculdade. Chegava uma hora atrasada todos os dias e tinha que pegar a matéria com meus amigos.

Porém, cortar o gasto com combustível não foi suficiente.

Não teve jeito: fiquei devendo algumas mensalidades da faculdade. Pagava mês sim, mês não. Meu pai não sabia. Eu já tinha autonomia, já tinha minha conta separada, e só minha mãe tinha acesso a esse segredo. Ela perguntava, preocupada: "Joyce, o que você vai fazer, minha filha?".

Negociar, negociar, negociar. Foi isso que eu fiz.

O que mais poderia fazer?

Trabalhar, trabalhar, trabalhar.

Dedicação. Amor. Interesse em aprender.

Isso se nota e se valoriza.

Então, depois de seis meses, algo inesperado aconteceu: eu fui a primeira estagiária a ser registrada naquela empresa. A estabilidade estava garantida, pelo menos. Mas nada de a corda afrouxar.

Enquanto a situação seguia apertada, eu não desistia. Essa é a força que vem quando a gente está no trilho, uma sensação de que o universo vai sempre fazer a sua parte se eu fizer a minha.

Virava o ano, eu renegociava, guardava dinheiro, pagava o que dava, e assim foi até que eu me formei. Quando terminei a faculdade, consegui quitar a dívida. Nesse momento, minha vida já estava em outro lugar.

Durante todo o tempo em que vivi no aperto, sempre contei com isto: tudo iria dar certo.

E, de fato, deu.

Quanto o seu sonho vale para você?

Acho que a esta altura uma coisa ficou bastante clara na minha história: eu abri mão de muita coisa para conseguir trabalhar naquilo que amava.

Ofertei todo o meu salário para essa causa por anos a fio. Além de meu tempo e todas as minhas vontades de viver outras coisas.

Contando aqui parece heroico, mas não é nada fácil. É necessário ter muita certeza de onde se quer chegar, uma imagem muito clara do que você quer construir. Muito, muito foco. Porque as coisas do

Enquanto a situação seguia apertada, eu não desistia. Essa é a força que vem quando a gente está no trilho, uma sensação de que o universo vai sempre fazer a sua parte se eu fizer a minha.

Joyce Rodrigues
CRIE SUA PRÓPRIA SORTE

mundo estão aí, à nossa disposição, acenando todos os dias. Objetos desejáveis. Experiências a se pagar em prestações suaves. Desejos que podem te endividar, deixar o teu sonho cada vez mais distante, perdido entre coisas sem a menor importância, mas que promovem satisfação imediata.

Quantos passam a vida correndo atrás dessa ilusão? E, depois, fugindo de dívidas?

Eu me endividei com a faculdade. Mas porque tinha certeza de que era o que eu precisava naquele momento. Sem aquela formação, eu não teria ido tão longe.

"Estude, Joyce, estude..."

Estudei. Aprendi. Me formei.

E, quando peguei meu diploma, respirei. A primeira etapa havia sido cumprida.

Aprender com as pessoas: o ouro do caminho

Além da força de vontade, da disposição para o trabalho, do foco no meu sonho e do jogo de cintura para negociar com as adversidades, algo que foi fundamental para o meu crescimento foi escutar pessoas que poderiam me trazer algum conhecimento.

Eu sempre honrei esse aprendizado. Desde meus familiares, depois meus primeiros empregadores, professores da faculdade e colegas de trabalho com mais experiência e com generosidade para me passar as informações de que eu necessitava para seguir no meu aprimoramento.

Na Pierre Alexander, tive a oportunidade de trabalhar com pessoas assim. Em dado momento, quando eu já era uma funcionária efetivada, contrataram para o time da empresa uma profissional que acabou se tornando minha gerente na área de P&D. Emília é seu nome, uma pessoa maravilhosa. Nos identificamos muito, com um carinho mútuo.

Ela tinha uma maneira muito didática de acompanhar o meu trabalho, o qual era basicamente desenvolver as fórmulas que ela criava a partir das diretrizes que o marketing da empresa sugeria. Uma determinada tendência de cor, cheiro, textura, toque, ou quaisquer outras características que surjam como propostas para um novo produto que tínhamos que desenvolver.

Emília me deixava muito livre para aprender, me ensinava as estruturas da fórmula e, quando alguma dava errado, nunca falava "tira isso e põe aquilo". Ela me perguntava o que eu achava, me convidava a pensar, então me ensinava e me fazia estudar. É uma pessoa muito culta, muito inteligente e inspiradora.

Emília é engenheira química. Há uma diferença grande entre engenheiros e farmacêuticos. Na engenharia química, aprende-se muito de chão de fábrica. Ela tinha muito dessa vivência, o que foi essencial na minha carreira, para consolidar o meu conhecimento em desenvolvimento de cosméticos.

Nas horas vagas, sempre me chamava e indicava livros. Alguns eu odiava, mas, como ela era a minha chefe, eu tinha que ler. Também trouxe ensinamentos além da área, comentava sobre a linguagem, sobre como me posicionar, como falar. Eu estava sempre ali, pronta para aprender.

Às vezes, por vontade própria, eu ficava além do meu horário ou ia trabalhar aos sábados, sem ganhar adicional. Fazia isso para ajudar a minha chefe a cumprir seus prazos de entrega. Era meu compromisso com ela e com a empresa. Assim, ela foi me vendo de forma diferenciada.

Ser vista era importante, lembra? Eu tinha convicção de que, se eu trabalhasse muito, uma hora alguém me veria. Novamente, o tempo foi meu investimento: eu não pensava que estava trabalhando a mais sem ganhar nada; fazia isso como um meio de ser vista.

Emília também abriu portas para que eu conhecesse os fornecedores. Esse meio era muito fechado, mas toda semana recebíamos novos representantes, e ela me convidava a participar das reuniões. Fui ficando conhecida no mercado por intermédio desses fornecedores. E eles também me abriram novas portas.

Na época, eu pensava que meu futuro seria me tornar pesquisadora. Pesquisador é a pessoa que inventa o que de novo pode ser desenvolvido, testa essas ideias e depois passa para a bancada, ou seja, para os analistas de pesquisa e desenvolvimento executarem. Embora eu fosse a pessoa da bancada, pensar em criar coisas novas me animava muito. Eu sabia que não ia parar onde estava.

Confronto com pessoas: as pedras no caminho

Nada fica eternamente igual. Apesar de sempre sonharmos com uma mudança para melhor, às vezes a coisa piora antes de melhorar.

Passado algum tempo nessa empresa, comecei a testemunhar momentos difíceis. Emília foi demitida, e meu departamento ficou praticamente sem orientação. Passamos a responder para a gerente-geral.

Para explicar com mais detalhes, antes é necessário contar como a empresa funcionava.

O departamento de P&D, do qual eu fazia parte, respondia ao departamento de marketing. Como falei, ele gerava a demanda do que idealizava como produto segundo as tendências que observava. A partir daí, fechava um briefing e encaminhava para o P&D realizar a formulação de acordo com as expectativas do mercado.

Ou seja, o meu departamento era responsável por tornar possível na prática um produto idealizado. Quando chegávamos à fórmula ideal, testávamos a sua estabilidade e, uma vez que o processo fosse concluído, minha chefe indicava ao marketing sua produção.

Como eu disse, com a saída da Emília, ficamos subordinados à gerente-geral da fábrica, e minha relação com ela era oposta à que eu tinha com Emília: havia um desafeto mútuo. E, claro, por questão de hierarquia, eu estava em desvantagem.

Isso foi se agravando com o tempo, e os boicotes ficaram evidentes em uma situação específica: quando ousei sugerir que o departamento de P&D também fizesse propostas para a formulação de novos produtos.

Meu objetivo era inovar, ver nascer produtos que pudessem ir além dos que já eram desenvolvidos, porque conhecíamos algumas técnicas que não eram do conhecimento do marketing. Mas a proposta não foi lida com entusiasmo. Ao contrário, ela vetou qualquer possibilidade, imediatamente. Depois de um tempo, pegou exatamente a mesma ideia que eu havia sugerido e passou para a pessoa que trabalhava comigo, como se fosse uma proposta sua.

Isso, para mim, teve um impacto imenso.

Percebi que, mesmo com toda a energia que dedicava à empresa, eu não teria nenhuma possibilidade de crescimento dentro daquele quadro nocivo, tóxico, com desacordos emocionais que impediam uma relação de trabalho saudável. Aliás, apesar de tudo o que eu havia aprendido naquele emprego ao longo de quase dois anos, apesar de todo o meu desenvolvimento pessoal (pelo qual serei eternamente grata), naquela nova configuração a palavra "saudável" jamais caberia.

Nesse cenário, uma nova porta se abriu.

Uma de minhas fornecedoras me indicou a outra empresa de dermocosméticos, para que eu participasse de um processo seletivo. No começo, fiquei reticente. Eu morava no ABC — para quem não conhece, o ABC é formado pelos municípios de Santo André, São Bernardo do Campo e São Caetano do Sul*, na Grande São Paulo — e a empresa ficava na capital, no Itaim. Isso implicaria uma grande mudança.

— Você pode pelo menos ouvir nossa proposta? — eles perguntaram.

Senti aquele frio na barriga que surge em toda bifurcação.

"Sempre diga sim", ouvi, ecoando, a voz do meu tio-avô Roberto. Nossos grandes referenciais de vida nunca nos abandonam.

— Sim — eu disse. — Posso pelo menos ouvir.

Me interessei pela proposta, e um novo dilema se desenhou: eu ganharia o dobro, mas teria que voltar a trabalhar em controle de qualidade. Fiquei um tempo pensando se isso era uma oportunidade ou um retrocesso, mas tampouco havia sobrado muita coisa para mim onde eu estava. As perspectivas são mínimas quando a pessoa hierarquicamente superior a você quer te boicotar a qualquer custo.

Nessa hora, percebi uma coisa: eu também poderia criar novas oportunidades nessa empresa, mas para isso precisaria deixar muito

---

* O ABC Paulista é formado por Santo André, São Bernardo do Campo, São Caetano do Sul, Diadema, Mauá, Ribeirão Pires e Rio Grande da Serra. A sigla, no entanto, remete aos nomes das três primeiras cidades. [N.E.]

claro meu objetivo, logo de cara. Essa me pareceu a melhor coisa a fazer. Então, eu disse que aceitaria a proposta desde que, na primeira oportunidade de migrar para o departamento de pesquisa e desenvolvimento, eles me chamassem.

Na Pierre Alexander, solicitei que a gerente-geral me mandasse embora. Ela me perguntou por que e eu expliquei.

E ela sentenciou, com toda a convicção que conseguiu reunir:

— Pode ir embora, Joyce, mas você não vai conseguir crescer com pesquisa e desenvolvimento. Nunca vai ser alguém na vida.

O que você deixa entrar pelos ouvidos?

Toda a equipe de laboratório fez uma festa de despedida para mim e ela não foi. Eu adoraria, neste momento, dizer que isso não fez a menor diferença na minha vida, porque eu tinha certeza dos meus objetivos e da minha capacidade. Adoraria dar um beijo no ombro e dizer que tinha certeza absoluta do quanto ela estava equivocada. Mas isso seria desonesto com minha própria história.

Não creio que somos tão impermeáveis assim a afirmações como aquela, ouvida no começo da carreira e vinda de uma pessoa que ocupava uma posição de poder. Pelo menos eu não era. Por mais que tivesse muita convicção das minhas capacidades, no início, aquela espécie de maldição me afetou bastante.

Por um tempo, fiquei pensando: "Será que eu não sou boa o suficiente? Será que eu sou tão ruim assim trabalhando com pesquisa de cosméticos?". A minha carreira ainda era curta, e eu não havia reunido experiência de vida suficiente para me provar. Também estava insegura em relação às minhas escolhas, porque, de certa forma, eu havia desviado novamente do meu caminho, que era trabalhar no desenvolvimento de produtos, em nome de um novo emprego.

Seria aquela decisão somente uma curva que me levaria de volta à minha estrada? Seria suficiente ter deixado claro meu interesse em voltar à área para que isso acontecesse na prática? Teria eu sido covarde e interrompido um caminho que poderia ser próspero caso tivesse paciência para esperar as forças que me oprimiam arrefecerem?

Não tinha resposta para nada.

Eu estremeci.

É impressionante o poder de algumas palavras quando ditas com ressentimento. Aquela gerente não esperava pelo meu pedido de demissão. Ela sempre se gabava por ser quem mandava as pessoas embora e se sentiu confrontada pela ex-estagiária que ousou sair de seus domínios. "Ex-estagiária": mesmo efetivada há tempos, era dessa forma que ela se referia a mim.

Sim, isso me afetou. Mas não deixei que me destruísse.

Assim como o caminho profissional é repleto de professores maravilhosos, eventualmente nos põe frente a frente com desafios imensos como esse. Pessoas que nos colocam à prova não por nossas virtudes, mas encontrando as brechas da nossa fragilidade. Esfregando na nossa cara todas as nossas inseguranças. Nunca é fácil esse confronto, mas ele nos torna mais fortes, e nos coloca em situação de nunca delegar a outros nosso poder pessoal, nosso amor-próprio e nossa confiança.

A palavra dela entrou, mas só um pouco.

A vida seguiu.

E a maldição se dissolveu, como lágrimas no oceano.

A vida dá voltas

A título de fechamento dessa história, darei um breve salto. Anos mais tarde, quando eu já havia erguido minha própria empresa, eu e essa gerente nos reencontramos.

Foi uma situação inusitada, dessas que só o destino é capaz de preparar. Ela veio até mim como representante comercial e, quando me encontrou no laboratório, perguntou, meio sem jeito, se eu trabalhava ali.

— Não, ela é a proprietária da empresa — respondeu minha irmã, que trabalhava comigo.

Acho que você pode imaginar o peso do ar naquela sala depois disso.

Não, eu não me senti vingada. Nem feliz. Você pode não acreditar, mas, sinceramente, fiquei muito constrangida. E se escolhi contar esse desfecho aqui, é porque o considero um exemplo cristalino de que a vida dá voltas e de que a gente colhe o que planta.

Cuidado com o que semeia, e também com o que escuta.

Se nos deixarmos contaminar por julgamentos negativos a nosso respeito ou, pior, pelo ressentimento com as pessoas que nos colocaram para baixo, que marca deixaremos no mundo? O eco da nossa vingança? Nosso fracasso justificado pelo ódio contra quem nos impediu de crescer?

É uma pergunta essencial de se fazer, e que não pode ser respondida com pressa.

Apesar de todas as dificuldades que atravessei para me firmar com segurança novamente, eu optei por seguir com meu trabalho. Com o tempo, ele sanou todas as dores e deixou o passado onde deve estar: no lugar de uma eterna fonte de experiências.

Tudo novo na vida

Voltando ao dia 12 de setembro de 2005, quando eu tive meu quarto registro na carteira profissional, lá estava eu, diante de um novo desafio. Analista de controle de qualidade. Esse seria meu pontapé inicial ali.

A empresa de dermocosméticos em que eu recém-ingressara ainda era uma organização em crescimento. Quando cheguei, não havia um setor de qualidade predefinido ou uma padronização dos procedimentos operacionais. Tudo teria que ser criado.

Para complicar, fui contratada para uma área a qual não dominava totalmente, então tive que estudar muito, e fora do horário de trabalho. Usava os fins de semana para entender todas aquelas infinitas regras que as pessoas odeiam e querem burlar, mas que são tão necessárias. Porque é justamente esse controle de qualidade que impede que a empresa tenha problemas.

Fiquei nesse departamento por oito meses. Uma vez mais, dei o sangue e fiquei além do horário para organizar a empresa.

Até que chegou a minha hora: o responsável por P&D saiu, e eu assumi o departamento.

Consegui retornar à área que eu tanto queria, e ganhando mais.

Cuidado com o que semeia,
e também com o que escuta.

Se nos deixarmos contaminar
por julgamentos negativos a
nosso respeito ou, pior, pelo
ressentimento com as pessoas
que nos colocaram para baixo,
que marca deixaremos
no mundo?

Joyce Rodrigues
CRIE SUA PRÓPRIA SORTE

Mas essa não foi a única mudança boa em minha vida. Ao longo desse período, eu namorava Ique Bezerra, que havia conhecido na Pierre Alexander, onde ele trabalhava na área comercial. Decidimos que aquele era o momento de unir nossas trajetórias e nos casamos em março de 2006.

A celebração do nosso casamento não foi nada suntuosa. Apesar de estarmos em uma situação financeira muito melhor (se comparada aos momentos anteriores), eu continuava com uma vida simples, muito regrada. Meu pai me deu a festa de casamento, mas para pagar a decoração tive que vender o carro. Apesar das tantas melhorias que eu já experimentava, tudo ainda era assim, a conta-gotas.

Para ser mais precisa, na época eu ganhava em média 5 mil reais — e nunca vou esquecer o dia em que esse aumento chegou —, mas não dava para esbanjar. Eu ainda teria que pagar os móveis que Ique e eu queríamos comprar, a casa que havíamos montado... e o sonho que nos esperava.

Um sonho que, para se realizar, ainda enfrentaria muitos desafios.

O vento da mudança continuou soprando
E a minha vida seguiu a todo vapor.

Após um ano trabalhando na nova função, recebi outra proposta de emprego, para trabalhar em uma multinacional! E mais: a vaga já seria para pesquisa e desenvolvimento, então eu não precisaria dar voltas, fazer ajustes ou desvios. O salário? Melhor.

O que mais eu poderia desejar?

É claro, topei!

"Eu vou para uma multinacional, agora ninguém me segura!", disse para mim mesma.

"Será que vai ser assim mesmo?", os ventos responderam.

Mas eu estava animada demais para escutar.

Um duelo entre (propostas) gigantes
Assim que cheguei à empresa da qual me preparava para me despedir, um dos diretores me perguntou o que eu queria para o meu futuro. Não era a primeira vez que ele me perguntava isso. Durante meu tempo

trabalhando naquela organização, a questão sempre voltava, trazida por ele, e eu nunca entendi a razão.

A minha resposta era sempre a mesma, aquela visão que tive desde meu primeiro emprego como atendente: "Antes dos meus trinta anos, eu quero ter minha farmácia e minha própria clínica de estética".

Ou seja: mesmo depois de efetivada, eu sempre tive certeza de que meu destino era ser empresária. Sempre. Enquanto isso não acontecia, mesmo que ainda estivesse trabalhando como funcionária, eu sentia que aquilo era também um pouco meu, e por isso sempre dei o meu melhor. No fundo, não era uma sensação equivocada, porque, de fato, nesse período eu estava construindo meu conhecimento e minha reputação.

Por isso, quando entrei na sala da diretora segurando meu pedido de demissão, com minha nova vaga já garantida na multinacional, algo fez tudo mudar. O novo emprego, os salários altos, a estabilidade, o prestígio... Tudo isso foi colocado em uma balança.

No outro prato, a declaração que me fez tremer:

— Não, Joyce, você não vai sair. Nós temos uma proposta para você.

cápsulas de aprendizado

Confie: o que está no seu caminho vai aparecer. Ainda que não seja da forma como você espera ou no tempo da sua ansiedade. Enquanto o esperado não chega, dedique-se a fazer sua parte, que é sustentar sua ação todos os dias, trabalhando o melhor que pode.

———

Às vezes, um convite que se apresenta não é muito apetitoso, mas pode ser a porta de entrada que te conduzirá na direção do que você planeja. Para isso, lembre-se de comunicar às pessoas com as quais você trabalha quais são suas reais intenções. Dessa maneira, quando a próxima oportunidade se apresentar, você estará mais próxima dela.

———

Infelizmente, nem todo ambiente de trabalho fomenta relações interpessoais saudáveis. Por isso, é importante definir limites para que sua dignidade seja preservada. Caso você esteja vivendo uma situação de assédio, primeiro perceba se é possível denunciá-la. Caso sua condição não mude no curto prazo, reflita se os seus ganhos em permanecer compensam o prejuízo emocional. E cuidado: algumas perdas acontecem muito lentamente, em doses aparentemente suportáveis, e, quando menos se espera, já se extinguiu toda a autoconfiança para buscar uma nova condição. Lembre-se: ninguém merece ser humilhado ou ter sua energia drenada em nome de um suposto profissionalismo.

———

As empresas são feitas por pessoas, e onde há pessoas também há conflitos. Alguns deles polarizam o pior de ambas as partes. Se essa situação estiver acontecendo com você, e se ela for impossível de se harmonizar com uma conversa franca sobre como você se sente, pergunte-se se o melhor é seguir convivendo diariamente com quem te faz mal. Muitas vezes, a resposta te colocará em situação de fazer mudanças radicais na sua vida, mas talvez elas sejam necessárias para seu crescimento — ou para sua saúde mental.

Alguns confrontos no ambiente profissional podem deixar grandes marcas e construir uma imagem falsa sobre você, ressaltando apenas seus aspectos negativos. Se isso já aconteceu com você, aprenda a discernir o que de fato é seu e o que é apenas uma projeção de quem lhe ofendeu. E, mesmo que o que foi dito tenha fundamento, saiba que os problemas apontados podem se tornar grandes competências, se você trabalhar sobre eles.

Além disso, você certamente tem grandes virtudes. Elas são seu ponto de apoio para começar a se aprimorar.

Os dilemas fazem parte da vida, e todos os que já experimentaram um grande crescimento tiveram que tomar grandes decisões. Não se prive de viver uma mudança necessária por medo de errar. Na pior das hipóteses, ainda que uma decisão qualquer te leve a um desvio, se você tiver clareza sobre o lugar para onde pretende ir, vai reencontrar a rota. Na melhor das hipóteses, dará o salto que te levará adiante, e ainda ganhará fé e coragem para os próximos movimentos.

6.

Bom demais
pra ser verdade?

Por falar em dilema

Era exatamente nesse ponto que minha história estava: diante de uma balança, pesando os prós e os contras de uma grande decisão.

"Como assim eu não vou sair?", pensei. O que mais poderia me segurar ali, sendo que eu tinha uma oportunidade muito melhor de trabalhar em uma multinacional?

Então, o outro pratinho revelou seu mistério: o que estava sendo oferecido era uma sociedade. Aquele mesmo diretor que me perguntava sobre meu sonho anunciou a proposta, feita a mim e a outra funcionária que também estava sendo convidada para a sociedade. Cada uma de nós era muito eficiente em seu setor, e essa foi a razão pela qual fomos chamadas. "Juntos vamos fazer a empresa crescer e multiplicar", foi o que nos venderam.

Na hora, a minha resposta foi: "Vou pensar".

Todo mundo ficou pasmo. Como assim pensar?

Mas era exatamente o que eu sentia ser o melhor a fazer. Então, eu disse que precisava conversar com a minha família. Imagine, eu ainda era muito jovem, e uma sociedade como aquela seria uma grande responsabilidade.

Não se decide uma coisa dessas assim, no susto.

Em casa, chegamos a um consenso. Resolvi correr o risco.

O nascimento de uma surpresa

O ano de 2007 começou com essa virada em minha vida. Finalmente, com 23 anos recém-completados, eu havia me tornado uma empresária. Passei a ser a diretora industrial, diretora de P&D e, evidentemente, experimentei um salto salarial. Eu não sabia, até aquele momento, o que era ganhar tanto dinheiro.

Eu trabalhava muito, praticamente o dobro, mas isso nunca foi um problema para mim. A outra sócia convidada junto comigo assumiu a área comercial, enquanto o diretor que nos fez o convite ficou responsável pelo setor financeiro. Não foi um começo fácil, porque nós duas tínhamos a expertise apenas em nossa área, não em gerir uma empresa. Apesar disso, tudo parecia ir muito bem.

Esse paraíso durou exatos nove meses. Depois disso, a dura verdade mostrou-se à luz: nós não havíamos sido convidadas pelo nosso trabalho. Éramos "laranjas".

A empresa devia milhões.

EU devia milhões.

Milhões.

*

Então, a ficha caiu. Fui ligando os pontinhos. No dia em que assinamos o contrato, quando achávamos que estávamos ganhando uma Mercedes, lembrei de algo que me soou estranho: quando a diretora-mor chamou seus advogados, vimos que o nome dela não estava no contrato. Na ocasião, ela disse que iria "se resguardar". Em pouco tempo, surgiram os fiscais, e foi quando descobrimos a dívida.

Não percebemos o golpe porque o entusiasmo nos ofuscou a vista. Era minha primeira experiência no mundo corporativo, e não havia passado pela minha cabeça a necessidade de procurar uma assessoria jurídica antes de assinar aquele contrato. Eu jamais poderia imaginar que uma coisa daquelas pudesse acontecer. Um grande (e caro) aprendizado logo no início da minha carreira empresarial.

Meu pai sempre me ensinou que a gente não podia dever para ninguém... imagina! Ele mesmo já havia passado por isso, ser roubado e enganado, e eu tinha testemunhado as consequências daquele engano. Agora era minha vez. Estávamos lidando com gente grande, éramos peixe pequeno. E estávamos diante de um imenso dilema.

Você pode imaginar qual foi a primeira coisa que eu fiz?

Arregacei as mangas e comecei o hercúleo trabalho de levantar aquela empresa das dívidas?

Não.

Isso só acontece com heróis invencíveis de histórias fictícias. Semideuses.

Minha primeira reação quando isso aconteceu foi chorar muito. Muito, muito, muito. Por vários dias.

Desilusão, raiva, desespero, tudo batia à porta, e tão misturado que eu não sabia por onde começar. A honestidade, para a nossa família, sempre teve muito valor. Ter um nome, honrar nossas responsabilidades.

Para nós, era inconcebível alguém não ser assim. Mas o mundo é múltiplo até nisso. Há quem considere a retidão algo dispensável.

De qualquer maneira, de nada adiantaria julgar o caráter alheio. Quando assinei aquele contrato, as consequências passaram a ser também de minha responsabilidade.

O que eu poderia fazer perante aquela situação?

O poder das nossas escolhas e a escolha pelo poder pessoal

Em um primeiro momento, pedimos apoio a especialistas.

Contratamos consultores, os quais nos aconselharam a decretar falência e demitir todos os funcionários. Não é isso o que fazem por aí, a torto e a direito? *Decrete falência e, num passe de mágica, seus problemas desapareçam!*

"Ah, mas o que fazer com essa gente toda que trabalha aqui?", alguém da diretoria poderia pensar, com certo peso na consciência.

Não se preocupe! Há um discurso pronto para isso:

— Sinto muito, famílias. Problemas de ordem maior aconteceram e fomos todos vítimas das circunstâncias. Infelizmente, seremos todos *desligados* dessa empresa por conta de fatores que não controlamos... É a vida! Mas não desanimem, vejam o lado luminoso. Essa é uma possibilidade de vocês se reinventarem! Vocês conseguem, confiamos na sua capacidade! Nunca percam a esperança! Boa sorte!

Seria esse o único caminho?

Não, eu jamais poderia fazer isso. Não com meus valores, não com meu passado, quando nós já havíamos passado por isso. Eu sabia do impacto que uma demissão teria na vida de cada uma daquelas famílias. Conhecia muito bem.

Mesmo tendo todas as razões para me sentir uma vítima desse engano e pular fora de consciência limpa, isso nunca foi da minha índole. É uma característica da minha família assumir as responsabilidades. Fui enganada? Fui! Mas os funcionários não tinham nada a ver com as decisões que eu tomei. O erro foi meu de não ter feito pesquisa, de ter acreditado apenas em palavras. Como você assina algo sem falar com um advogado? Eu não era obrigada a saber, e a inexperiência me custou caro. Mas esse problema era meu e das pessoas que assinaram aquele contrato.

Nossa opção foi seguir em frente. Decretar falência estava fora de cogitação.

Não tomei essa decisão apenas por altruísmo, nem para ser a heroína da indústria. Eu simplesmente não conseguiria fazer as coisas de outro jeito e continuar me sentindo eu mesma.

Há um detalhe muito importante nesse "conforto do vitimismo" que a maioria das pessoas não percebe. Quando você diz que não tem qualquer responsabilidade sobre os acontecimentos que te abatem — o que aparentemente te dá uma rota de fuga suave, sem dramas de consciência —, também está dizendo:

Eu não tenho nenhum poder sobre os fatos da minha vida.

É esse o contrato que você quer assinar?

Eu já havia assinado um engodo por conta da minha inconsciência. Mas esse outro eu não assinaria.

Nenhuma ação que realizamos na vida é inocente. Tudo tem consequências, tudo. Até nossos pensamentos, mesmo aqueles que ainda nem se tornaram ações, já exercem influência sobre os fatos. Mesmo as ações mais íntimas, sobre as quais apenas nós mesmos sabemos. Eu sei, eu estou vendo, e é o que importa.

Por isso, quando sustentei para mim mesma e para o universo que eu seria capaz de reverter aquela situação, o compromisso que eu estava firmando, meu novo contrato, não era apenas com a empresa, ou com aquelas famílias. Era comigo. Era um contrato de confiança na minha capacidade de realização.

Qual o valor de não abrir mão do meu poder pessoal?

Esse número estava na escala de alguns milhões.

Encarando o problema de frente

Passado o desespero inicial, nos acalmamos, sentamos e olhamos detalhadamente para a situação. Sintetizando, o primeiro quadro que se desenhava era este:

"Hoje nós somos sócios de uma empresa com uma dívida, e vamos assumir essa dívida porque não temos como voltar atrás. Ela já foi consolidada. Contudo, o mais importante são os funcionários que dependem de nós. Esses funcionários têm família, têm filhos, e mais de quarenta pessoas vão ficar sem emprego se entrarmos em processo de falência. Não vamos fazer isso. Somos capazes de reverter essa situação."

Evidentemente, tentamos renegociar o montante geral da dívida, que se dividia entre bancos, governo e alguns fornecedores. Nesse intento, tivemos alguns "sins" e muitos "nãos". Chegamos ao limite de acordos e o valor ainda era alto.

Mas nada é impossível de resolver quando planejamos as soluções resolvendo uma etapa de cada vez. Com muito senso de realidade e permanência nas ações, mas também com brilho e criatividade.

Sim, éramos muito capazes. Eu sempre fui boa na criação, em propor ideias e novos conceitos, muito arrojada e muito científica. Então, eu sabia do meu potencial, sabia que iria crescer na área da estética. Eu não tinha preguiça e, se precisasse, poderia trabalhar 24 horas por dia. De fato, fazia praticamente isso. Perdi a conta de quan-

Quando você diz
que não tem qualquer
responsabilidade sobre
os acontecimentos
que te abatem [...],
também está dizendo:
eu não tenho nenhum
poder sobre os fatos
da minha vida.

Joyce Rodrigues
CRIE SUA PRÓPRIA SORTE

tas vezes saí da empresa às duas da manhã sem nenhum cansaço, com a energia no pico para fazer as coisas acontecerem.

De onde vinha tanta energia?

Confesso que é um mistério. Seja qual for a razão, entrei em um estado de intensa produtividade, algo parecido com o que o psicólogo húngaro Mihaly Csikszentmihalyi chamou de *flow*: uma condição mental que leva uma pessoa a imergir completamente naquilo que está fazendo, entrando em estado de foco máximo e com todos os recursos à disposição da tarefa. Essa pessoa é capaz de perder até o sentido de espaço e tempo.

Eu sei que esse é um estado extraordinário, e ele depende de estarmos conectados com um sentido maior. Era o que eu sentia: além da minha força de vontade férrea, algo mais gerava energia em mim, e sem isso seria muito difícil resolver o imenso desafio que tínhamos à frente.

Mas isso não quer dizer que tudo fluiu sem maiores problemas. Ao contrário, eles apareciam aos montes, todos os dias. Apesar de os sócios terem como objetivo comum o resgate financeiro daquela organização, as mesmas tendências que levaram a empresa àquele buraco ainda atuavam ali, dividindo opiniões. Ainda havia um choque de visões de mundo, o que me fazia sentir que, mais cedo ou mais tarde, os confrontos seriam inevitáveis.

E foi o que aconteceu.

Essa transição foi feita com muita briga, e com mais mentiras sendo reveladas. Aquela "sócia" que nem colocou seu nome no contrato ainda queria mandar em tudo, e nós firmamos a posição: para continuar, quem decidiu ficar e levantar a empresa tomaria as decisões. No fim, os dois sócios originais abandonaram o barco e ficamos apenas as duas que foram convidadas para aquele naufrágio: a que respondia pela área comercial e eu. Aí, sim, arregaçamos as mangas e conseguimos organizar tudo o que precisava ser organizado.

É engraçado, há situações tão simples que me abatem tanto... Mas quando eu sou colocada em xeque, nas maiores decisões da minha vida, eu entro em um estado de pura determinação.

Nunca pensei em desistir. Enfrentei tudo de peito aberto, parecia um trator; trabalhava o tempo que fosse preciso para ter novas ideias. Aquele estado de *flow* ainda estava ativo, enviando energia a todo momento. Eu sabia que poderia virar o jogo, e aquela era a minha única chance.

Contudo, além do estímulo de preservar o emprego das famílias, eu ainda contava com pontos de apoio importantes. O primeiro era bastante prático: uma carteira de clientes já consolidada que poderia ajudar na virada do jogo. Partir de uma boa rede de contatos facilita muito o processo.

O outro ponto de apoio era a força do meu sonho de ser empresária.

Na verdade, eu estava prestes a ir muito além dele. O que eu enxergava como possibilidade de futuro era muito maior do que aquele sonhado. Antes, eu visualizava uma farmácia para vender produtos em uma clínica de estética. Mas o que eu tinha nas mãos, naquele momento, era a chance de ser não apenas uma empresária, mas uma empreendedora de ideias inovadoras. Uma chance de vender meus produtos para o Brasil inteiro e para fora do país!

Para que isso de fato acontecesse, o desafio era cristalino: era preciso projetar aquele negócio para ele ser maior do que já era, pagar todas as dívidas e seguir crescendo.

Partindo para a ação

Quais estratégias usamos?

Novas contratações, novos contadores, novos advogados, aumentamos a equipe de vendas, reestruturamos a empresa do zero. Fomos ganhando mercado e mudamos de sede três vezes, alternando entre São Paulo, Barueri e Alphaville. Tudo bem devagar, no tamanho do passo seguinte, sem esticar muito as pernas, gastando apenas o necessário. Nada de chão de mármore reluzente. Nada de ostentação. Tudo pelo crescimento consciente, sem pressa, mas em ritmo constante.

Ainda bem, esse era um aprendizado já consolidado em minha vida.

Tudo que eu já havia vivido, assim como meus pais, dava o suporte necessário para aquela travessia. A resiliência. A paciência. O saber esperar. O foco no essencial.

Esses foram meus valores de base, a *matrix* a partir da qual todos os meus planos se desenhavam.

Eu aprendi, ao longo da vida, que uma construção tem três fases. A primeira é a sobrevivência.

Para nós, foi como estar em um carro sem gasolina. Com muito custo, compramos um litro, andamos em marcha lenta administrando o caminho que nos levaria mais longe, e assim foi a jornada até conseguir completar o tanque e planejar uma viagem maior.

Nessa fase, a gente faz de tudo: se precisar dormir no chão, dorme ou até fica sem dormir, reduz os gastos ao essencial, sem nenhum desperdício. Por exemplo, em todas as mudanças que fazíamos com a empresa, éramos nós que carregávamos as caixas e arrumávamos tudo, na raça mesmo, junto com nossas famílias. A continuidade dessa etapa já foi descrita: foco, planejamento, trabalho árduo.

Além disso, outro ponto fundamental para mim era a busca por conhecimento. Sempre. Lembra da história de o galo cantar e virar o olho? Falando assim, parece ingênuo, mas muitas vezes ficamos detidos em uma mesma crença por não ousar ir além.

Para mim, o conhecimento sempre foi fundamental. Por isso, nesse início, onde faltava mármore, sobrava investimento em aprendizado. Em que área decidimos colocar nosso foco? Em pesquisa, em pessoas qualificadas, investir em estudo, porque isso faz uma empresa crescer de forma sustentável, consolidando cada passo, mas sempre com portas abertas para a inovação. Inovação embasada em estudos, não uma ideia leviana solta ao vento. Não poderíamos nos dar esse luxo.

Assim, eu e minha sócia fizemos o planejamento: "Na parte comercial, aumentar em tantos por cento as vendas, determinar tais metas para as equipes", e assim por diante. Da minha parte, o compromisso com a inovação: criar novos produtos que nos colocassem em outro patamar no mercado.

Com as ações bem definidas, partimos para a execução. Mais uma vez, muito trabalho e potência foram necessários, indo bem além das oito horas por dia.

Segundo minha experiência, para dar um salto é necessário dedicar bastante tempo de vida e muita permanência. Se no percurso cair e machucar o joelho, levante-se, limpe o ferimento e siga caminhando.

Com essa atitude, continuamos nossa batalha e fomos nos mostrando cada vez mais para o mercado.

*

Assim, com os dois pés no chão, caminhamos a passos firmes.

Eu aprendi tudo na raça, fazendo um pouco de tudo: faturamento, cobrança, o que você puder imaginar. Por sorte, além da minha paixão pelos cosméticos, sempre tive um olhar bem clínico para o lado administrativo. Percebia o quanto era necessário direcionar nossos produtos para que os profissionais de estética ampliassem seus negócios. Esse olhar, somado à experiência que havia adquirido nos trabalhos anteriores com controle de qualidade, possibilitou um crescimento constante.

Criei novos produtos, participamos de feiras, e alguns deles foram um sucesso de vendas. Quando isso acontecia, atingíamos um novo patamar.

Nós havíamos conseguido.

Em 2008, a empresa deu um salto. As marcas já tinham uma expressão no mercado de estética e passaram a conquistar a credibilidade dos clientes, o que possibilitou dobrar os negócios. A velocidade de crescimento aumentou para uma escala de sessenta por cento, a 24% ao ano, e isso quando o país estava passado por uma crise.

Conseguimos atingir esses números depois de muito trabalho realizado, por termos um planejamento detalhado e o *foco* muito claro de onde queríamos chegar. Essa é a origem de tudo.

Ao todo, foram seis anos para reorganizar o negócio, sempre reinvestindo na empresa, fiéis aos nossos princípios. Então, a partir desse patamar, pude passar para a segunda e depois para a terceira fase da construção: multiplicar os recursos econômicos e ganhar influência.

*

A segunda fase implicou uma entrada maior de dinheiro não só na empresa, mas na minha vida pessoal. Eu finalmente consegui respirar um pouco após anos de trabalho duro, e pude me proporcionar alguns bens de consumo com os quais eu sonhava havia anos.

Nunca considerei os bens materiais como minhas principais conquistas, mas, para quem tinha passado tanto tempo renunciando a todo e qualquer desejo, por mínimo que fosse, seria irreal dizer que poder ter, finalmente, acesso a eles não se tornou um motivo de comemoração. Coisa que eu adorava fazer em família, junto com meus pais, que dividiam comigo a alegria dessa nova etapa.

Contudo, mais que celebrar o *ter*, o que festejamos foi a oportunidade que a vida nos deu de — após tantos desafios, enganos, traições — poder ter uma farta colheita a partir de um trabalho honesto.

Em um momento histórico no qual muitos acreditam que "só chega lá quem passa por cima do outro", eu havia conseguido abrir outro caminho abundante de conquistas materiais sem precisar lesar ninguém. Ou melhor, ainda convidando muita gente para partilhar comigo esse manancial de prosperidade. Nos anos seguintes, isso viria a se tornar um dos motores de um crescimento ainda maior. Era apenas o começo.

*

Aquele plano traçado desde os tempos de escola, nas aulas de história, voltou a ocupar minha mente: ter uma vida pública, não passar despercebida. Assim, parti para essa nova etapa, em diferentes frentes.

De todas as formas que eu podia, comecei a compartilhar meu conhecimento. Criei o Instituto Joyce Rodrigues, em Barueri, onde oferecíamos gratuitamente formação para profissionais de estética, especialmente mulheres, para abrir campos de trabalho.

Ele levava meu nome porque não era uma iniciativa da empresa; minha sócia não se interessava em direcionar seus recursos para esses fins. Aquela era uma demanda muito pessoal, porque devolver ao mundo um pouco do que recebi era importante para mim. Então, eu direcionava de bom grado parte dos meus lucros para essa entidade.

Segundo minha experiência, para dar um salto é necessário dedicar bastante tempo de vida e muita permanência. Se no percurso cair e machucar o joelho, levante-se, limpe o ferimento e siga caminhando.

Joyce Rodrigues
CRIE SUA PRÓPRIA SORTE

Apesar de não ser o objetivo central, isso acabou me rendendo boas relações com as autoridades da cidade de Barueri. Com isso, conheci muita gente, e minha rede foi aumentando. Além do trabalho no instituto, eu frequentemente respondia às solicitações da imprensa, do mercado, do meio acadêmico para falar com quem quer que fosse sobre meus conhecimentos. Aos poucos, eu me tornei uma referência em cosmetologia e comecei a ser chamada para eventos ou para dar entrevistas em revistas famosas. Meu nome passou a se projetar como uma autoridade na área.

Isso é bem diferente de ser uma celebridade instantânea. Como tudo para mim, o que me interessa é a solidez, portanto nada surgiu da noite para o dia. É resultado de horas dedicadas a entregar conteúdo, dividir informações úteis, aportar com meu conhecimento para quem necessitava. Isso, é claro, somado às minhas diversas atividades na empresa.

Tempo. Tempo dedicado.

E, uma vez mais, foco no essencial.

Nada fica parado

A essa altura, apesar de termos conquistado um ótimo patamar para a empresa, a sintonia com minha sócia começou a ficar estremecida.

Nas duas primeiras fases — sobrevivência e multiplicação do dinheiro —, nós coincidíamos nos objetivos e conseguimos alinhar as nossas metas. Contudo, ao chegar à terceira fase, a que essencialmente revelou quais eram nossos valores de vida, começamos a distanciar os caminhos.

O fato de termos visões de mundo cada vez mais diferentes resultava em atitudes divergentes, e isso passou a ter um peso cada vez maior. Algumas vitórias individuais, como a autoridade que fui conquistando perante o mercado, não poderiam ser divididas como se faz com lucros. Nem imposto por decreto.

Porque isso vem de dentro, e é construído passo a passo.

Aquela pequena fenda que, no começo, até passava despercebida começou a crescer. Abriu-se um abismo. E, quando uma disputa de poder toma o lugar do que antes era um sonho, ele se converte em um pesadelo.

Agora, pense comigo: o que causa tudo isso?

Nosso ego?

Nosso apego?

A tendência de afiar as garras e combater não pelo que é justo, mas pelo que é "meu"?

Quando adentramos nessa ilusão, tomamos contato com nosso lado sombrio, e ele se manifesta de uma forma muito distinta dos contos de fadas ou das novelas. Nunca nos identificamos com os vilões ou vilãs. Sempre temos nossas razões para guerrear, e a principal delas é defender nossas razões.

Pode durar anos. Uma vida inteira. E foi exatamente isso o que começou a acontecer, tingindo de cinza todo aquele cor-de-rosa que eu havia conquistado. E pior: para poder lutar aquela batalha, eu estava me tornando uma pessoa horrível, muito distante da minha essência.

Quando me vi nessa situação, senti que estava cada vez mais insuportável ficar na empresa. Aquela mesma organização que tinha passado a ser minha acabou se convertendo em um ambiente extremamente tóxico. E o pior: sem previsão nenhuma de que poderia ser revertido.

O que fazer em uma situação dessas?

Seria possível realizar uma mudança na atmosfera emocional da mesma maneira que logramos pagar uma imensa dívida? Ou era melhor deixar tudo para trás e voltar a respirar?

Diferentemente do momento anterior, quando um confronto com outra pessoa me fez pedir as contas, dessa vez não era tão simples. Era uma briga societária. Não seria uma troca de emprego; a decisão de sair dali implicaria deixar no passado anos de investimento e trabalho realizado.

Seria justo abrir mão de tudo isso por uma desavença?

Seria prudente?

Não havia resposta fácil para esse dilema. Nem rápida.

cápsulas de aprendizado

"Nem tudo o que reluz é ouro." Já ouviu esse ditado? Em geral, somos enganados porque estamos olhando para o que é brilhante, para a mão do ilusionista que acena de um lado enquanto faz o truque do outro. É importante refletir sobre essa pergunta: o que poderia me cegar ou me impedir de ver a verdade dos fatos?

———

Porém, ainda que algo dessa natureza aconteça, não se julgue. Transforme o engodo em aprendizado e guarde essa lição para o futuro. A ingenuidade precisa se tornar maturidade, mas isso não quer dizer que precisamos nos tornar pessoas desconfiadas. Apenas ganhar discernimento.

———

O que quer que aconteça na sua vida, se você assumir uma posição vitimista, ficará preso para sempre, seja na situação ou no ressentimento. Se, ao contrário, assumir a responsabilidade de resolver o problema gerado, poderá não apenas encontrar uma saída, mas também se fortalecer ao perceber quais foram seus pontos cegos.

———

Sempre haverá justificativas para tomarmos decisões que podem prejudicar outras pessoas. Em geral, elas servem a uma cultura individualista, bastante normalizada em uma sociedade fragmentada. Se você conseguir ir além dessa tendência e buscar uma solução baseada no que é melhor para todos, ela pode não ser a ação mais fácil ou cômoda, mas provavelmente é a que, a médio e longo prazo, trará maior realização e felicidade.

Ainda que busquemos fazer nosso melhor, não estamos livres de, em alguns momentos da vida, entrar em confronto com pessoas que tenham objetivos distintos dos nossos. Nesse momento, a tendência é endurecer, polarizar, ver o outro como um grande vilão. Depois de algum tempo, é importante refletir: vale mais ter razão ou voltar a si, abrindo mão da guerra em nome da própria integridade?

7.

Altos e baixos, nascimentos e perdas

Foco ou obsessão?

Enquanto eu vivia todos esses dilemas, minha vida pessoal estava prestes a mudar mais uma vez.

Eu estava grávida do meu primeiro filho. E, como foi uma gestação sem grandes complicações, ela correu em paralelo com tudo que eu fazia, praticamente sem nenhuma alteração na rotina. Tanto que trabalhei até o último dia. Até o último minuto.

Naquele momento, parecia ser o melhor a fazer. Eu era tão dedicada ao meu trabalho, que nem percebia estar totalmente fora de sintonia com o que estava prestes a viver. Sim, o foco é essencial para obter resultados, desde que ele não impeça que tenhamos uma vida equilibrada, sem desatender às outras esferas. Contudo, naquele momento eu não tinha essa postura. Sem a menor consciência do que fazia, passei da conta.

Às vésperas do parto, eu também estava às vésperas de uma grande feira, trabalhando loucamente para isso. Por volta do meio-dia, minha bolsa rompeu. Eu queria ter parto normal, então liguei para meu médico. Ele perguntou se eu já estava sentindo alguma contração, e eu respondi que não. Ele me recomendou esperar, disse que não precisaria ir para o hospital.

Ele me mandou esperar. O que eu fiz? Continuei trabalhando. Dirigi até São Paulo para fazer o treinamento dos profissionais com os quais iríamos trabalhar na feira. Tudo isso com a bolsa rota. Ainda voltei para empresa, fiz todo o planejamento para minha sócia tocar dali para a frente e trabalhei até as oito da noite. Só então voltei para casa, tomei banho, peguei minha malinha e fui para o hospital com meu marido. Pedro, meu filho, nasceu às 10h28 do dia 26 de julho de 2012.

Escrevendo agora, parece um absurdo. Não apenas o que acabei de contar, mas o que, naquele momento, eu imaginava como futuro breve: eu tinha plena convicção de que teria meu bebê e, três dias depois, estaria de volta naquela feira.

Eu estava totalmente fora da realidade.

Quando os fatos se apresentaram, vieram como um nocaute.

Quando tudo vira do avesso

Ainda no hospital, o dia seguinte ao nascimento de Pedro seguiu normalmente. Mas, a partir do segundo dia, as coisas mudaram.

"Ah, Joyce, seu leite não está sendo suficiente para ele."

E daí foi só piorando. O que era uma glicemia virou uma contaminação, e ninguém descobria o que meu bebê tinha. Resultado: ele acabou sendo internado na UTI do Hospital São Luiz.

Ninguém sabia dizer o que estava acontecendo. Desconfiaram que poderia ser meningite, colheram o teste do líquor, mas nada era certo. O médico jurou que a causa da complicação não teve nada a ver com o fato de eu ter ficado tanto tempo com a bolsa rota, mas eu sentia que não era bem assim. Acreditava que deveria ter ido antes para o hospital, ou, pelo menos, ter repousado.

— O que que vai acontecer com meu filho? — perguntei para a médica.

Naquele momento, essa era a única coisa no mundo que me importava.

A resposta veio, implacável:

— Não pense nisso agora, nem com os problemas psicológicos que ele vai ter. Só se preocupe com a sobrevivência dele.

Quando tudo é posto em revista

Enquanto Pedro estava na UTI, nos primeiros dias, ainda consegui continuar dormindo no hospital, mas depois tive que passar as noites em casa, vivendo diariamente a dor de ter que entrar pela porta sem o meu filho nos braços.

Na primeira noite, olhei para aquele espaço gigante, com quatro quartos, sauna, toda aquela imensidão, e pensei: "Pra que tudo isso? Pra que tudo isso se eu posso perder meu filho a qualquer momento?".

Ali eu tive certeza de que nada, nem todo dinheiro que eu já havia conquistado, era mais importante do que ele estar bem.

"Nenhum dinheiro do mundo vai pagar a saúde do meu filho."

Essa certeza me transformou de maneira tão definitiva que, a partir daquele dia, nada ficou no lugar.

Nos dias que seguiram, eu chorei muito! Muito. Passei por diversas fases, quis tirar meu filho daquele hospital, ir para outro, fazer qualquer coisa para que aquela situação mudasse. Ninguém sabia ao certo o que estava acontecendo com ele. Até que uma médica descobriu um erro, uma contaminação, e concluíram que o que ele tinha não era meningite. Trocaram a medicação. E nesse vaivém, nessa agonia, passaram-se 21 dias de UTI.

Durante esse tempo, comecei a refletir sobre quem eu era e o que estava fazendo com minha vida. Eu, sempre muito próxima de Deus, vivia um momento em que minha fé, que já era grande, precisava ser inabalável. Saía de casa todos os dias às 5h30 da manhã e deixava o hospital à meia-noite. Eu não tive um minuto de descanso, porque queria estar com meu filho desde a primeira hora que ele acordasse até o momento em que fechasse os olhos para dormir. Eu e meu marido ficamos ao lado dele todos os dias, sem exceção.

Também estive muito próxima de mulheres que perderam seus filhos e de outras que já estavam lá havia seis meses, também acompanhando seus bebês. Tudo tomou outra proporção. Aquela Joyce que havia entrado ali, com a bolsa rota e a cabeça apenas no trabalho, havia morrido.

Aqueles 21 dias mudaram minha vida para sempre. E para melhor.

Uma nova vida
Finalmente, Pedro chegou à nossa casa.

Depois de passar por algo assim, como se retorna à vida anterior?

Eu até tentei. Apenas 35 dias após o parto, voltei a trabalhar meio período. Tirava leite para deixar para ele e saía, tentando levar a "vida normal".

Mas tudo estava deslocado.

O estranhamento que já vinha acontecendo, toda aquela desarmonia e os desencontros com minha sócia, ficaram ainda mais evidentes. As diretrizes daquela empresa já não serviam mais na minha vida. Não tinham mais sentido para mim.

Eu acho que a gente passa por algumas coisas para dar valor a outras... Percebi que estava vivendo em um piloto automático tão grande, ainda no objetivo fixo de só ganhar dinheiro e prestígio, que havia esquecido que a vida tem outras belezas. Entendi que o meu trabalho teria que ser modificado. Se eu seguisse tocando a vida daquela forma, por mais que eu contasse a mim mesma uma história de propósito, ele jamais seria verdadeiro.

Ique também havia se transformado. Ele tinha uma empresa, um comércio de madeiras, e a deixou completamente nesse período da UTI. Simples assim. Porque ele também começou a se fazer as mesmas perguntas que eu.

O que vale realmente na vida?

Ser feliz e fazer as coisas com amor.

Foi o que sentimos.

E era exatamente isso que eu teria que buscar a partir daquele momento. O dinheiro seria uma consequência da nossa felicidade, do trabalho não apenas bem-feito, mas proporcionado. Sem desequilibrar os outros âmbitos da vida.

Foi esse o conselho de Deus, sussurrado aos pés do ouvido.

"Felicidade e amor... e faz logo... não deixa pra depois."

Um parto depois do outro

Depois de toda essa experiência, uma coisa ficou muito clara: era preciso repensar a vida pessoal e a profissional.

A mudança na vida pessoal foi fácil, porque meu marido e eu estávamos muito alinhados. Havíamos feito juntos aquela travessia.

Optamos por voltar para o ABC, porque foi o local onde eu nasci, onde vive minha família e onde escolhemos reconstruir nossa vida.

Esse desapego foi fácil. O maior ainda estava por vir.

Até que, finalmente, aconteceu: sete meses depois do meu primeiro trabalho de parto, vivi outro: a decisão de abandonar a construção à qual dediquei tantos anos e sair definitivamente da empresa.

Quanto se perde para ganhar um caminho verdadeiro?

Por mais que aquilo parecesse loucura, por dentro eu sentia que estava tudo certo. Ainda assim, vender minha parte na empresa não foi simples. A negociação durou seis meses, até que cheguei a um acordo com minha sócia para que ela comprasse a minha parte. Finalmente, assinamos o contrato firmando nosso combinado, elaborado pelo departamento jurídico da casa.

Aparentemente, estava resolvido.

Era tempo de recomeçar.

Mais.

Uma.

Vez.

Mesmo sem saber exatamente como faria isso, eu não tinha dúvidas de que seguiria trilhando meu caminho. Dessa vez, com muito mais experiência, inclusive a de tirar uma empresa das dívidas, e entendendo o que significava gerir uma indústria.

Mas... as coisas não aconteceram exatamente como foram combinadas.

As tais entrelinhas. Aquelas que dão margem a situações absolutamente injustas que são enroladas por anos a fio na casa da justiça.

Não sei dizer como isso aconteceu, se foi pela pressa de resolver uma situação emocionalmente insustentável, se por ainda carregar uma perigosa cegueira que me impediu de dar atenção aos mínimos detalhes daquele documento. O fato é que, uma vez mais, fui passada para trás.

É estranho como alguns padrões se repetem na nossa vida. Hoje, prefiro acreditar que são as lições que viemos aprender, e, enquanto não as entendemos completamente, não param de se desenhar, com diferentes roupagens, mas sempre com o mesmo desafio.

Assim como aconteceu com meu pai, quando vendeu a padaria e não teve o acordo honrado, também foi comigo. Minha ex-sócia depositou apenas a primeira parcela e depois simplesmente parou de pagar.

É claro, eu contava com esse dinheiro para me reestruturar. E ele não veio. Uma novela macabra se desenhou, fechando minha perspectiva em um novo pesadelo.

*

Evidentemente, a briga não parou por aí. Passou a correr na justiça, onde segue até os dias atuais. Ainda sem conclusão.

Por essa e outras razões, não vou descrever aqui toda a trama, digna dos mais melodramáticos folhetins. É impressionante como os dramas fictícios apresentados nas telas podem se materializar na vida real, e ainda com requintes de cálculo e manipulação.

É suficiente dizer que, como a situação não se resolvia judicialmente, além de eu ter ficado sem recursos a ponto de mal ter capital de giro para começar uma empresa do zero — exatamente o que eu estava começando a fazer —, minhas primeiras tentativas de me reerguer eram atacadas de diversas maneiras.

A falta de dinheiro, em si, já era um problema imenso. Além disso, eu havia elaborado mais de quinze novos produtos, que eram produzidos em laboratórios terceirizados, e, sem verba para adquirir as marcas registradas, eles logo eram absorvidos por empresas concorrentes.

Como se isso não fosse suficiente, também passei por sabotagens diretas: certa vez, levando a nova linha que eu estava desenvolvendo para uma feira, tive todo o meu estoque confiscado devido a uma denúncia mentirosa. Quando consegui comprovar o engodo, já era tarde. A feira havia chegado ao fim, mas meu prejuízo não.

Coisas assim aconteciam sistematicamente.

O que fazer em uma situação dessas?

O que vale realmente na vida?

Ser feliz e fazer as coisas com amor.

Joyce Rodrigues
CRIE SUA PRÓPRIA SORTE

Ir à guerra ou ir à luta?

Nessa situação, parecia impossível recomeçar. Num primeiro momento, confesso que pensei em desistir e fazer outra coisa da vida, porque eram tantas as barreiras que eu não sabia se seria capaz de continuar. Mas em seguida eu pensava: "Não é possível! Eu sei que Deus existe. Ele sabe o que há no meu coração e quais são os meus propósitos de vida!".

Então, eu lavava o rosto e me arrumava para conseguir trabalhar de novo. Mesmo com esse processo pesando nas costas, rolando infinitamente de recurso em recurso, e um sentimento constante de injustiça mordendo meus calcanhares. Pedindo revanche.

É fácil desistir de uma história de vingança?

Não. Porque às vezes ela se parece muito com um clamor de justiça.

Mas, se eu continuasse na guerra, para onde isso me levaria? Para aquele lugar que eu havia vislumbrado na UTI, uma nova vida de amor e realização, ou a um ponto onde eu ficaria enredada em tudo aquilo que decidi deixar para trás?

Foi essa reflexão que me salvou de seguir presa no que poderia ser um drama infinito.

Contudo, por mais que essas palavras fossem verdade absoluta no meu coração, colocá-las em prática não foi nada fácil. Senti muita raiva e chorei muito. Tive que negociar com todas as partes que, dentro de mim, queriam seguir aderidas à trama daquela novela. Por isso, foi importante me enlutar, viver a desilusão. Para poder enterrá-la de vez e seguir em frente.

Então, olhei para o que tinha nas mãos. Os meus recursos possíveis naquele momento.

Eram a única base sobre a qual eu poderia recomeçar.

Eu não estava partindo do zero. Já havia consolidado algo muito importante: minha reputação.

cápsulas de aprendizado

Por mais que o foco seja importante para que suas metas se concretizem, é importante se perguntar se ele não está tornando sua rotina desproporcionada. De nada adianta ter um âmbito da vida resolvido se, para isso, outros pagam o preço. É importante ver a si mesmo como um todo, de maneira íntegra, e considerando todas as relações que importam e também precisam do seu cuidado.

Algumas situações muito difíceis acabam se repetindo ao longo da nossa vida. Isso, em um primeiro momento, nos deixa um amargo sabor de injustiça, mas é importante se perguntar: "O que ainda preciso aprender dessa situação para que nunca mais aconteça?". Isso não é garantia de que você ficará livre dela, mas ao menos é uma forma de atravessar o desafio com coragem em vez de se sentir uma vítima das circunstâncias ou de alguém.

8.

O que te sustenta no hiato?

O que alimenta o ânimo: seguir sua vocação

Resumindo, minha situação não era nada favorável.

Eu iniciava o ano de 2013 com meus recursos financeiros travados em uma briga judicial, impedida continuamente de construir uma nova empresa e sem saber bem se valeria a pena insistir nessa meta. Além de tudo, com um filho pequeno em casa, lidando com dúvidas e contradições e tentando não sucumbir a um vale de lágrimas.

Como sair dessa situação?

Esses momentos de desespero não vêm com manual de instruções. Ao atravessá-los, nunca sabemos como nossa condição vai mudar nem quais pontos de apoio serão as bases da nova construção.

O que eu ainda visualizava para meu futuro, obviamente, era uma nova empresa de dermocosméticos. Só que, dados os inúmeros problemas que eram postos à minha frente, comecei a me perguntar se deveria continuar insistindo nesse plano.

Eis um momento bastante delicado, porque é exatamente aí que podemos nos perder dos nossos objetivos.

Por outro lado, percebi que, se ficasse muito restrita a uma única imagem de futuro, algumas oportunidades que surgissem poderiam soar inferiores, apesar de serem apenas diferentes da minha expectativa. Depois de muito refletir, senti que o melhor era me abrir ao que aparecesse, desde que estivesse minimamente alinhado com meu plano de vida.

E foi exatamente o que aconteceu. A oportunidade que se apresentou foi bem diferente do que eu imaginava, mas não estava completamente fora do que eu desejava realizar. Ela veio no campo da transmissão do conhecimento. Como eu era muito reconhecida no mercado, comecei a ser convidada para dar aulas em congressos, além de ser coordenadora de uma pós-graduação.

Se eu tivesse deixado o passado me corroer em arrependimentos, ou se olhasse para o que se apresentasse no presente com orgulho ou arrogância, jamais poderia experimentar o que se seguiu. Compartilhar com outras pessoas tudo o que eu já sabia foi meu principal alimento para realizar aquela travessia.

*

Eu sempre achei que dar aula era oferecer uma sementinha do que você é como profissional. Sempre foi valioso, para mim, construir essa autoridade por meio da educação.

Tanto que, mesmo quando estava na empresa anterior, fui inúmeras noites até o Tatuapé para dar aulas no Senac. Eu não precisava disso financeiramente; a motivação era semear. A cada sala em que eu entrava, eram mais de quarenta alunos que iriam me conhecer e, no futuro, me enxergariam com uma profissional diferenciada. Não apenas como uma empresária que quer vender algo, mas como uma pessoa com um propósito muito maior do que ter uma marca. Alguém que deixou um legado de informação.

Ser professora, portanto, só ampliava meu propósito maior, que poderia se expressar nesta frase: "Mudar o mercado da estética".

Depois de entrar por essa porta, o movimento voltou a acontecer de maneira fluida. Como coordenadora de pós-graduação, eu trabalhava aos sábados e domingos em Campinas. Depois também fui chamada para dar aula em uma pós-graduação no Rio de Janeiro.

Lembra daquele conselho do meu tio-avô Roberto? "Joyce, levanta a mão e fala sempre sim"?

Levei isso pra vida.

120

A escuta de si e do outro: uma ponte para o tesouro

Sem ela, você é como uma folha ao vento. Ou uma marionete na mão das opiniões alheias.

Aprender a escutar a si mesmo é a melhor garantia de um caminho sólido. Mesmo que, em determinados momentos, ele seja um traço suave, quase invisível. É essa bússola interna que te faz enxergar longe os hiatos da vida quando nossos olhos físicos encontram-se na escuridão.

Como ela se manifesta?

Para cada um é de um jeito. Para mim, ela fala como se estivesse dentro da minha cabeça ou do meu cérebro, aparecem imagens daquilo que vai dar certo. E é assim mesmo, surgem sem hora marcada. Às vezes, enquanto estou trabalhando surgem esses insights, e eu sempre os anoto.

Além da imagem, em alguns momentos essa voz dita alguma instrução. Mais ou menos assim: "Fala com essa pessoa hoje!", ou "Resolva este problema hoje!". Assim, bem direto mesmo.

Essa voz é preciosa, por isso eu não deixo passar nada. Quando vou dormir, coloco na mesa de cabeceira uma caderneta, porque eu também tenho insights à noite e anoto logo que acordo, para não esquecer. É como uma pesca noturna de preciosidades.

Eu acho que Deus fala com a gente o tempo todo; a questão é conseguir escutar. E estabelecer um contato direto, diário, de comunicação com Ele. O que vale também para as outras pessoas, que podem ser fonte de verdadeiros tesouros.

É bastante comum, quando estamos passando por uma situação difícil, que nos tranquemos em uma concha, mas essa atitude às vezes adia ainda mais a resolução de nossos problemas. As pessoas ao redor podem nos apoiar muito se tivermos humildade para permitir. Por isso, eu sempre me perguntei: "Quem poderia me ajudar? Quem poderia me indicar?".

Evidentemente, não estou falando de ser interesseira, mas de não ficar escondida esperando que alguém descubra o seu valor. É importante facilitar esse encontro. Tomando o cuidado de não ser inconveniente, é essencial buscar todas as formas possíveis de mostrar seu trabalho.

Mas, para conseguir esse estado de escuta, é necessário silenciar. Esvaziar-se. E confiar no que vem.

O que posso oferecer ao mundo?

Uma coisa eu sempre soube: eu não queria apenas desenvolver produtos. Eu também queria fazer a diferença no meio gerando cultura, ser reconhecida como uma autoridade no assunto. E só há uma forma de se tornar uma autoridade: estudar, colocar aquela informação em prática, sintetizar os aprendizados e levar o conhecimento ao público.

A melhor maneira que encontrei de me atualizar continuamente foi dando aulas. A partir do momento em que se ensina, também se aprende. Passar um conhecimento adiante é dar de si, e, quando olhamos para o que podemos ofertar, entramos em contato com nosso sol. Eu sinto que o entusiasmo vem daí, de se sentir útil e conseguir apoiar o maior número de pessoas.

As aulas fizeram isso comigo, naquele momento. Lecionar nos fins de semana e em congressos foi o que me manteve viva. Mesmo quando tudo estava aparentemente dando errado, aquela sensação era tão boa que não deixava a peteca cair.

Então, resumindo: naquele momento em que tudo mais estava obscuro, no qual todas as tentativas de reiniciar uma empresa eram imediatamente naufragadas pela hostilidade das marés, foi esse "dar ao mundo" que me deixou de pé, na minha pequena embarcação, firme no prumo.

Até que, do alto da torre, novamente vi:

Terra à vista!

Durante esse tempo em que dei aulas, muita coisa se moveu. O fato de não estar parada me salvou de me perder da minha trilha e me fez circular bastante entre diversas pessoas do meio.

Num dado momento, quando eu participava de uma reunião no Conselho Regional de Farmácia em São Paulo, algo aconteceu. Era uma reunião despretensiosa, entre vários farmacêuticos. Naquele dia em especial, um deles olhou para mim e falou:

— Você sabia que a Mezzo está à venda? Nossa, você poderia muito bem ser responsável por essa empresa, porque você tem um olhar muito diferente para o nosso setor!

Eu acho que às vezes o destino nos manda recado pelas pessoas que nos cercam. A Mezzo, naquele momento, era uma empresa impecável do setor de dermocosméticos, mas que não estava conseguindo se sustentar por questões administrativas. Ela tinha todos os requisitos que eu admirava: qualidade, reputação e o fato de ser uma organização idônea. Essa informação fez meu coração vibrar, mas parecia demais para aquele momento. Então, não fiz nenhum movimento em qualquer direção.

Porém, quando o destino acena para nós, o universo também se move. Acredite você ou não, algum tempo depois desse sinal, eu recebi uma ligação do próprio diretor da empresa me convidando a visitar a sua sede em Penápolis, no interior de São Paulo. O convite veio com a seguinte convocatória: "Eu quero que você venha para cá porque você é uma profissional diferenciada e precisa escutar o que eu tenho para te falar".

Em um momento como esse, é impossível não confiar nos desígnios de Deus. Lá fui eu.

Os diretores eram muito prósperos e corretos, mas não tinham o conhecimento necessário para fazer a empresa vender. Essa habilidade eles viram em mim, e por isso me fizeram a proposta: queriam me vender a empresa.

Depois daquele tempo todo cuidando do meu jardim, as borboletas chegaram a ele. Senti aquela oferta como um sopro de primavera, que veio com o frio na barriga que antecede os grandes passos.

A marca tinha prestígio, qualidade, postura ética. Totalmente alinhada com os meus ideais, inclusive os estudos no setor e as pesquisas. Sintonia total comigo. Senti até um tremor, uma energia correndo pelo meu corpo, com toda aquela sincronicidade. Aquele seria o meu próximo passo, eu tinha certeza! Só havia um problema: eu não tinha o dinheiro para investir.

Por outro lado, percebi que, se ficasse muito restrita a uma única imagem de futuro, algumas oportunidades que surgissem poderiam soar inferiores, apesar de serem apenas diferentes da minha expectativa. Depois de muito refletir, senti que o melhor era me abrir ao que aparecesse, desde que estivesse minimamente alinhado com meu plano de vida.

Joyce Rodrigues
CRIE SUA PRÓPRIA SORTE

Mais uma vez, o universo ajudou. Os antigos proprietários queriam muito vender a empresa para mim, porque sentiam que estariam passando o seu legado a alguém que continuaria sua construção com a mesma qualidade. Então, facilitaram bastante o pagamento, a ponto de tornar possível que eu vislumbrasse uma luz no fim do túnel.

Eu teria que fazer muitas contas. Ainda não sabia exatamente como aquele passo gigantesco poderia se concretizar. Mesmo assim, já ouvia dentro de mim:

"Vamos começar! Vamos fazer essa empresa crescer!".

cápsulas de aprendizado

Os hiatos da nossa vida são aqueles momentos em que tudo parece parar. Ou pior, quando tudo o que tentamos fazer parece esbarrar em algum impedimento.

———

Nessas fases, nunca acredite que está totalmente sem recursos, porque esse pensamento pode te levar a atos desesperados ou impulsivos que te afastarão cada vez mais do seu caminho. Em vez disso, respire e se pergunte: "Quais são as ferramentas que eu tenho sobre a mesa para continuar minha jornada? O que eu posso fazer com a minha vida com base as coisas que tenho hoje?".

———

Começar a fazer o que é possível, além de iniciar o próximo passo, vai te poupar de pensamentos negativos que podem drenar ainda mais energia. Fazer é curativo e nos coloca em movimento.

———

Sempre há algo que você poderá ofertar ao mundo. Se, nesses momentos, você se ocupar em oferecer o que tem, essa atitude também vai nutrir seu lugar no mundo, até que os ventos estejam novamente soprando a favor.

———

É melhor colocar energia no que você pode construir em vez de ficar repassando o que te levou a uma suposta derrota. Há algumas preciosidades que só colhemos em situações como essas. A humildade é uma delas.

———

Busque apoio em todas as relações saudáveis, em todas as pessoas com quem sinta uma sincera conexão. Quando resistimos à tendência de nos isolar no sofrimento e nos abrimos corajosamente ao diálogo, muitas surpresas boas podem acontecer.

———

Sinceramente, eu acredito que Deus sempre está nos enviando muitas bênçãos, e, quanto mais facilitarmos para que as oportunidades apareçam, melhor conseguiremos superar uma fase difícil. Não sabemos quanto tempo ela vai durar e não podemos controlar tudo o que nos acontece, mas está em nossas mãos manejar como vamos atravessar cada uma das situações.

———

9.

Nada vem de graça

Recomeçar, recomeçar, recomeçar quantas vezes for necessário
Até que o sonho se concretize.

Eu iniciava o ano de 2014 com essa imensa missão.

Minha aliada? A resiliência, a herança que carrego no sangue. Assim como a união, o maior bem da minha família. A vida toda testemunhei não apenas por palavras, mas sobretudo por atos, um apoio incondicional da parte dela. Sempre, sempre, as mãos dadas, o investimento do próprio trabalho e a confiança.

Mais uma vez, isso se provou, porque tive que pedir ajuda aos meus familiares com a promessa de devolver cada centavo quando a empresa estivesse dando lucro. Sem esse apoio, não teria conseguido, pois eu já havia juntado todos os recursos que tinha, tudo mesmo, e ainda buscado todo o crédito possível, com os juros mais altos do mercado, e, ainda assim, não chegava ao mínimo necessário.

Quando pedi o apoio da minha mãe, recebi muito mais do que esperava. Ela vendeu bens, pegou empréstimos em seu nome (assim como havia feito com meu pai) e fez tudo o que poderia para angariar recursos. Contudo, além do amparo material, sua maior contribuição foi a confiança absoluta na minha capacidade. Ela sempre acreditou duzentos por cento na minha possibilidade de sucesso. Seu olhar foi, o tempo todo, uma imensa força motriz que me impulsionou para longe.

Além desse apoio fundamental, eu também contava com meu companheiro de vida, Ique. Ele escolheu abdicar de seu empreendimento pessoal para construir a Mezzo comigo, atuando desde o início como diretor comercial e sendo um pilar fundamental na empresa e na minha vida. Também se somou a esse time inicial minha irmã, Jessica (também farmacêutica e com excelente atuação em pesquisa e desenvolvimento), e mais três colaboradores que contratamos para o início dessa jornada.

Com esse pequeno e grandioso time, começamos.

De volta à fase da sobrevivência

Lembra que falei das três fases, sobrevivência, multiplicação do dinheiro e influência?

Com meus trinta anos completos, após já ter experimentado o gostinho do sucesso, eu estava de volta à primeira delas. Dessa vez com mais experiência.

Iniciamos, então, as atividades da Mezzo mudando a empresa de Penápolis para São Bernardo do Campo, sediada em uma casa comercial com apenas três funcionários. Passei inúmeros finais de semana estudando, apontando os diferenciais da marca, avaliando o que já havia de valor consolidado, e isso só aumentou minha certeza. Era, realmente, uma marca impecável.

Então, nos dedicamos ao planejamento, vislumbrando como subiríamos para outro patamar. Redesenhamos toda a empresa, além dos produtos: desde os rótulos até a identidade de comunicação que melhor falaria com meus clientes. Pensei em algo bem *clean*, uma embalagem transparente para o consumidor entender a rotulagem do produto a qual também transmitisse elegância, sofisticação e apontasse para características como qualidade e tecnologia.

Foi o que ficou definido nesse primeiro plano. Como a Mezzo já tinha produtos inseridos no mercado, decidimos seguir com aquela linha para ter capital de giro, e pouco a pouco fomos mexendo. Nessa fase, eu comecei meu processo de diagnóstico, definindo quais itens seguiriam sendo produzidos e quais seriam retirados de linha. Aos poucos, trouxemos um novo conceito para a marca, sempre atualizando nosso planejamento com base em pesquisas de mercado, de produto, de tecnologia. Assim, conforme fomos ganhando vendas, começamos a aumentar o número de contratações.

Mas foi um início muito difícil. A empresa tinha um desencaixe financeiro muito grande porque, apesar dos ótimos produtos, não vendia. Isso não era surpresa; tinha sido essa a razão pela qual os antigos proprietários decidiram vendê-la. Contudo, não era um problema que eu conseguiria sanar a curto prazo, e eu precisava de capital de giro. Citando apenas um problema, nosso setor trabalha com parcelamento de vendas para os clientes em até 120 dias, e eu precisava pagar a produção em 28 dias. Como fazer?

Não teve jeito: mais empréstimos. Porque eu não tinha de onde tirar, mas confiava que seria possível.

Eu confiava na minha força de trabalho e na qualidade da empresa que estava construindo.

Barrados no zoológico: quando a realidade parece um pesadelo

Importante dizer: esse foi um risco alto. Portanto, se estou expondo o que aconteceu, é apenas para ser honesta com os fatos da minha história, não para recomendar que se faça o mesmo.

No meu caso, foi uma escolha consciente. Arriscada, perigosa, apesar de muito calculada. Eu realmente não encontrei, na época, outra forma de fazer acontecer o que era necessário. Os bancos só emprestam a juros baixos para quem tem dinheiro, uma das razões pelas quais se tornaram os donos no mundo. Só entrei nessa escala de endividamento por ter bastante convicção de que conseguiria sair dela depois, com base no que já tinha vivido nas experiências anteriores.

Fiz uma aposta: se trabalhasse com seriedade, se mostrasse os meus diferenciais e o meu propósito na área da estética, a marca cresceria. Por acreditar piamente nisso, em momento algum eu hesitei e pensei que não daria certo.

Mas essa certeza não vinha de uma confiança cega. Era baseada em cálculos precisos. Eu já carregava uma experiência de mercado, e sabia que, se aumentasse mensalmente o número de clientes, conseguiria fazer um caixa depois de certo tempo.

Ainda assim, era uma responsabilidade imensa. Eu estava empenhando não apenas os meus recursos pessoais, mas os de toda a minha família. E, apesar de ter plena noção do que estava em jogo, a ficha só caiu de verdade quando, em um passeio no fim de semana, fui pagar a entrada do zoológico com meu cartão de débito... e não passou.

Eu sabia que estava sem dinheiro, mas não tinha noção de que o buraco era tão grande.

Isso me pegou de surpresa.

Pela primeira vez desde que aquele novo movimento se iniciara, eu senti minha fé se abalar. E tremi.

*

Momentos como esse colocam à prova qualquer discurso sobre propósito ou resiliência. É nesse instante, quando sentimos a perna bambear, que podemos colocar tudo a perder.

O problema não foi ter percebido que, naquele momento, eu estava sem nenhum dinheiro. Viver com o mínimo necessário (ou nem isso) não era novidade para mim, como já contei... Mas, para quem já havia conquistado outro patamar de vida, novamente me ver naquela situação, sem ter 45 reais para comprar uma entrada para um passeio, foi um choque. Por um instante, o medo entrou. O medo de ter colocado tudo a perder.

Naquele domingo, todo o meu passado veio num fluxo, tudo o que eu já havia conquistado e perdido. Também as injustiças. Foi inevitável pensar: "O que é que eu estou fazendo? Meu Deus, estou fazendo muita coisa errada!!! Estou colocando em risco a segurança financeira da minha família!".

É esse o discurso da desesperança, uma emoção mórbida que pinta de cores sombrias o porvir, falseia o passado e desqualifica o presente, tirando tudo de proporção. A desesperança desautoriza toda a ousadia, mesmo que calculada em sólidos indicadores, e rouba de nós qualquer possibilidade de futuro.

Do outro lado, quase como um antídoto, ouvi a voz da minha mãe, sempre, sempre, sempre me apoiando e dizendo: "Filha, você vai conseguir, isso é o de menos! Fique tranquila! Faça o seu trabalho, faça o melhor! Dedique-se ao máximo e você vai conseguir".

Entre essas duas realidades, entre a esperança e o desespero, eu atravessei aquela tarde como se estivesse em uma corda bamba. Foram horas muito difíceis, que pareceram anos. Percebi que, externamente, eu também estava em uma encruzilhada entre duas realidades: ser uma empresária do setor da beleza, com um sorriso no rosto, com entusiasmo, para aquele projeto dar certo, ou ser a pessoa que não tinha na carteira o suficiente para comprar um saquinho de pipoca.

Qual delas eu era?

Ambas.

Como confiar que a primeira realidade se afirmaria a partir daquele momento?

Como eu poderia vender autoestima naquela situação?

Como não associar a autoimagem com a conta bancária?

*

Apesar do gosto amargo do meu domingo, na segunda-feira consegui dissipar um pouco daquela atmosfera sombria. Eu havia travado uma difícil batalha no campo do pensamento, mas consegui recuperar a visão da realidade e minha fé em Deus.

As tantas vozes do medo, aquelas que tingem a realidade com cores densas, me pegaram de jeito entrando pela brecha da minha insegurança. É justamente nessas horas que tendemos a jogar tudo para o alto, em uma atitude desesperada, em vez de respirar fundo e seguir em frente.

Importante dizer: eu não estava sozinha. E o apoio de meus familiares foi fundamental para vencer o medo que insistia em se colocar à minha frente.

Aquelas vozes macabras cederam espaço ao que sempre acreditei: "Se você for servir alguém, sirva como se aquilo fosse o seu melhor trabalho, porque tudo que a gente faz com muito amor e muita dedicação traz resultado. Talvez não na proporção que se espera, mas ele vem".

Eu tinha um grande amparo. Além do apoio incondicional da minha mãe, Ique e minha irmã Jessica também estavam comigo para o que desse e viesse. Eu tinha nas mãos uma empresa promissora, minha reputação, muito apoio de pessoas queridas e experiência no caminho a ser trilhado.

Então, eu me levantei, lavei o rosto e fiz o que tinha que fazer.

Erguendo a nova Mezzo com força e coragem

É muito comum, quando escutamos histórias de sucesso, que a parte mais importante seja acelerada, indo direto ao refrão que todos buscam: "Então, finalmente, conseguimos! E fomos felizes para sempre."

Por mais que elas sejam reais, a maneira como se conta essas histórias tem uma lacuna importante: elas dão a impressão de que a conquista é fruto de um milagre, ou sorte, ou algo que não é comum a todos. Como se o sucesso dependesse mais de um toque divino ou de um forte desejo do que de construir o passo a passo dessa jornada. Sim, mentalizar é importante, mas não é suficiente. É preciso *fazer*. E *saber* o que fazer.

Eu trabalhava aos sábados, trabalhava aos domingos, e novamente entrei num quase moto-perpétuo. Mais de catorze horas por dia para conseguir ter novas ideias, desenvolver os produtos e tocar a parte administrativa.

Eu já havia vivido esse estado antes, e novamente digo: ele só é possível quando temos certeza de que estamos em um caminho que vale a pena construir. Não é trabalhar por trabalhar, como uma autoexploração. Minha energia vinha do sentido profundo que eu vislumbrava na Mezzo. Era como se tudo o que ela pudesse se tornar me acenasse lá do futuro, me animando para que eu conseguisse, de fato, torná-la real no presente.

Passo a passo, fomos realizando um planejamento estratégico em todos os níveis possíveis: pesquisa, tecnologia, área comercial, financeiro... Ao mesmo tempo, fui observando a resposta da organização, vendo como reagia a cada ação proposta, e aos poucos a empresa foi ganhando sua forma de acordo com os valores que íamos implementando.

Sobre os produtos, os que já existiam e tinham venda considerável eu não removi, mas aos poucos fui trazendo a minha essência para a Mezzo. Eu constantemente apostei na inovação, e isso nos levou adiante. Por exemplo, investimos fortemente em produtos rejuvenescedores porque demandavam alta pesquisa e a busca pelo conhecimento me instiga.

Algum tempo depois, nossa pesquisa escalou: fomos a primeira empresa a falar de genética relacionada com a pele. Fomos nós que trouxemos esse conceito para o Brasil. Aos poucos, começamos a nos mostrar para o mercado a partir de novos patamares de pesquisa, seriedade e inovação.

Como consolidar uma empresa?

Há uma coisa que eu sempre digo: nada se faz sozinho. Para crescer, precisamos conhecer pessoas que nos impulsionam e nos ajudam.

No começo da nossa caminhada, foi o que aconteceu. Com os apoios importantes que recebemos, começamos a fazer participações em feiras. Mesmo que a Mezzo ainda não tivesse condições de arcar com grandes estandes, alguns organizadores foram bastante parceiros e me cederam espaços porque reconheciam a qualidade dos meus trabalhos anteriores. Eles acreditavam na minha capacidade, e enxergaram que eu poderia ir muito além. E foi graças a essas feiras do setor e à generosidade de seus organizadores que eu pude crescer.

Os contatos, para qualquer realizador, são muito importantes. Às vezes, valem muito mais do que dinheiro no bolso, porque são as pessoas que podem te apoiar no caminho. E nós tínhamos aliados fortes, pessoas que defendiam a marca. Além dos realizadores das feiras, contei com o apoio de professores que realmente acreditavam na nossa pesquisa e nos divulgavam no boca a boca.

Isso foi fundamental.

Eu agradeço a cada um desses parceiros. Tive essa bênção no recomeço da minha trajetória, nesse árduo navegar do primeiro ano de uma empresa, e jamais vou esquecer cada pessoa que me apoiou. Elas são parte do alicerce da Mezzo, e nos deram o gosto de compartilhar nossa construção quando tudo parecia quase um sonho.

Mas nem tudo são flores

Como em toda boa história, não só de aliados vivem as grandes conquistas.

Há também aqueles que se dedicam a oferecer um considerável antagonismo, valendo-se de táticas nem sempre honrosas. No meu caso, tive que enfrentar corrupções fiscais, falsas denúncias que acarretaram consequências como ter produtos detidos às vésperas de uma grande feira, visitas mensais da Anvisa e muitas outras injustiças que dificultaram meu trabalho nesse recomeço.

Sobre as tais forças adversas, não vou me estender muito aqui. Pretendo comentar apenas o suficiente para deixar registrada a importância de não subestimar essas pedras do caminho. Porque, por mais que ofereçam desgaste, prejuízo, desvios de planejamento, elas também mostram onde não podemos deixar brechas. Ou seja, revelam quais os pontos em que precisamos melhorar.

Como sempre tivemos como valores fundamentais a ética e a impecabilidade, nunca houve denúncia que se comprovasse como real. E, como não podíamos deixar nenhum ponto descoberto, não podíamos dar brecha, eu fui ficando cada vez mais sagaz, rápida, atenta a tudo, aos possíveis pontos frágeis. Estávamos sempre em dia com todos os quesitos que precisaríamos atender, e isso nos fortaleceu.

"A fresta da inconsciência é onde corta o fio da espada." Essa frase pertence ao código dos samurais, e é excelente para nos ajudar a olhar para esses embates até com certa gratidão. Ou, ao menos, reconhecendo seu papel nos alicerces de uma grande construção, porque nos mostram onde podemos cair. Ao aceitá-los, olhamos com coragem para o que precisa ser visto e onde a ação deve ser a mais impecável possível.

Ou seja, por mais desconfortáveis que sejam essas situações, se não nos destroem, nos fazem crescer.

Quantas vezes é necessário se levantar?

Quantas vezes for o tamanho da sua vontade de ir além.

Há quem diga: "Ah, eu tentei três vezes e não deu certo!".

Quem foi que disse que o número final de tentativas é três? Ou mesmo quatro, ou cinco?

Se é para falar de números, prefiro ver assim: comecei com três funcionários, hoje eu tenho por volta de 150 pessoas, direta ou indiretamente, ligadas à Mezzo. Por isso eu quis te contar tudo o que enfrentei nesse recomeço. Porque não tenho vergonha de falar das dívidas, dos problemas. Ao contrário, tenho um grande orgulho de ter atravessado todas essas adversidades movida pela força da minha vontade.

Isso vale para tudo, para qualquer trabalho. Mesmo que não esteja nos seus planos a vida empresarial, porque cada um tem um caminho. Pode ser que o seu seja diferente, seja trabalhar de forma autônoma, prestando serviço dentro ou fora de uma empresa. Não importa o *quê*, mas o *como*. Fazer com ética, coragem e amor: esse é o segredo para uma caminhada na qual, tendo ou não chegado ao fim, já podemos experimentar alguma felicidade.

Já parou para pensar nessa palavra?

Às vezes, confundimos felicidade com satisfação imediata, que é aquilo que nosso ego exige a todo momento para adular nossos caprichos. Mas, na hora em que é necessário força para seguir, para nos tirar dos vales e do marasmo, somente uma resposta sincera a essa pergunta é capaz de nos levantar. Porque fazer o que está alinhado com nosso projeto de realização é o que nos torna capazes de nos reerguer.

Este é um ponto importante: o fato de as coisas ainda não terem dado certo significa um não do universo? Significa que estamos em um caminho equivocado? Ou isso acontece porque ainda não tentamos o suficiente?

Como a gente diferencia uma coisa da outra?

Eu sempre penso assim: "Já fiz tudo o que poderia fazer? Ou ficou alguma ponta falha?". Eu me analiso e, se estou me dando ao máximo e não consegui, penso que é porque ainda não é o momento.

Mas isso não significa desistir, apenas esperar. E respirar, focar nas outras coisas mais fáceis de conseguir alcançar, que talvez sejam o que se precisa conquistar primeiro para que aquele outro patamar seja atingido. É importante se perguntar: "Será que ainda não aconteceram algumas coisas que precisam acontecer para que aquilo que eu almejo dê certo?". Às vezes é necessário focar em outro degrau para que tenhamos outra paisagem.

Se tentar e não conseguir, tente de novo, mudando a estratégia. Não é dar murro em ponta de faca, é aprender, ajustar e seguir. Escutar, lembra? Eu falo que a nossa vida é um jogo de xadrez: a gente vai trocando umas peças, vendo o que dá mais certo...

Tem que jogar com sabedoria. E sempre ter, na meta futura, o sonho que te anima, o teu vir a ser. Ser-vir.

E também paciência para as etapas do processo.

Uma empresa necessita, em média, de uns cinco anos de árdua persistência e muito trabalho para conseguir ficar equilibrada, com recursos liberados para investir em novos projetos. Esse tempo pode variar, por isso cada empreendimento precisa ter uma métrica própria. Quando uma empresa atinge um volume constante de vendas que faz os custos (fixos e variáveis) se igualarem aos ganhos, esse número vira um indicador chamado *break even point*, ou ponto de equilíbrio, que marca o momento quando novos investimentos podem ser realizados sem prejuízo para a sua saúde financeira.

Nada de consistente acontece de repente. Mesmo as gratas surpresas vêm por semeaduras, por algo que realizamos no passado.

Não gostou do que colheu? Observe as sementes antes de culpar a vida. Aliás, livre-se já da culpa, ela é mãe de toda a infantilidade. Quanto antes você se responsabilizar pelo seu processo, ou, pelo menos, por cinquenta por cento de tudo o que acontece na sua vida, mais cedo você vai colher os frutos da prosperidade.

Nessa linha, ao longo do tempo, fomos trabalhando, aprimorando, crescendo. Começamos a ter mais colaboradores, e com mais qualidade. E em pouco tempo a dívida com os bancos, mesmo com juros altos, estava quitada.

Hoje não dependo mais deles. E espero não depender nunca mais.

Este é um ponto importante: o fato de as coisas ainda não terem dado certo significa um não do universo? Significa que estamos em um caminho equivocado? Ou isso acontece porque ainda não tentamos o suficiente?

Joyce Rodrigues
CRIE SUA PRÓPRIA SORTE

Recapitulando...

No meu recomeço, o primeiro ano foi o mais difícil. Trabalhar sem parar e sem dinheiro em caixa tentando, dia a dia, imprimir a minha identidade em uma empresa que já existia.

Nessa primeira etapa, tudo poderia me puxar para trás, porque os desafios eram muitos e as conquistas, ainda pequenas. Se eu vacilasse, o desânimo me pegaria na curva, disparado por inseguranças e temores. É necessário cuidado redobrado com o que passa por nossos pensamentos e pela nossa imaginação. Ela deve estar povoada pelo brilho do que se quer construir, não pelos pesadelos das derrotas anteriores.

Para perceber o avanço, considero essencial celebrar as pequenas conquistas, cada mínimo progresso, cada um dos pequenos degraus que nos colocam mais perto da meta. Esse é o antídoto para aquela voz sabotadora que tende a nos aprisionar na mediocridade. Cada vez que ela sussurrava em meu ouvido, como um veneno, aquelas velhas histórias de fracasso, eu a combatia com pequenas doses de verdade: "Eu já dei esse passo, eu já avancei esse tanto e isso é só o começo...". Porque, eu acredito, a vida é boa. E ela conspira a todo momento para o nosso crescimento.

No segundo ano, já comecei a equilibrar um pouco mais a parte financeira. Ainda não sobrava nada em caixa, mas as dívidas estavam sendo pagas, e eu ia avançando. Trabalho, trabalho, trabalho. Registro de todos os passos, celebrando os avanços...

E foi apenas no terceiro ano que eu consegui arrumar tudo, organizar a casa, quitar todas as dívidas. Trabalhando, organizando, reformulando as linhas, desenvolvendo novos produtos... E sem parar nada: continuava com minhas aulas, viajando para os congressos, com filho pequeno em casa, levando tudo junto com foco no essencial: crescer.

cápsulas de aprendizado

Passada a adrenalina do início, quando nos comprometemos com algo grandioso que nos parece possível, é inevitável lidar com muitos desafios. Alguns deles são internos, nossos medos e inseguranças. Outros, externos, que podem vir de situações sociopolíticas desfavoráveis ou confrontos com outras pessoas.

Os medos e as inseguranças são como nuvens que nos impedem de entrar em contato com nosso sol. Porém, se colocados no seu devido lugar, tornam-se bons conselheiros para nos mostrar tudo o que não pode, de forma alguma, passar despercebido. Ao ouvirmos os avisos do medo e tomarmos as devidas providências para que o pior cenário não se realize, podemos caminhar com mais segurança e confiança sem, com isso, nos tornarmos negligentes.

Por mais que, para realizar, tenhamos que contar com nossas melhores virtudes, nada grandioso se faz sozinha ou sozinho. Se alguém diz que sim, é porque está omitindo um grande número de participantes da história. Liderar é um papel valioso, empreender também, mas não se sustentariam sem inúmeros apoios e mãos estendidas que fazem parte dos alicerces de uma grande construção. Reconhecer e sentir gratidão por todas essas pessoas é também honrar as bases do seu processo.

Um projeto consistente não se constrói de um dia para o outro. É feito de várias etapas e pede ritmo, constância e fôlego. O entusiasmo inicial é importante, mas logo precisará ser substituído por um sentido maior, o que cada pessoa veio trazer ao mundo como seu SER-VIR. É nesse lugar que vivem as reais motivações para ações a longo prazo, as que nos levarão longe e nos farão crescer.

10.

Pele, epiderme, inspiração, inovação e tudo mais que está além

O que está abaixo da primeira camada?

Com o tempo, descobri: minha área vai muito além de pele e epiderme. Em uma camada mais profunda, lidamos com a intimidade.

Um problema de acne, por exemplo, é capaz de trancar uma pessoa dentro de casa, fazê-la perder a coragem de se mostrar, de se dar para a vida. Vendo de fora, às vezes não parece nada, só um detalhe, mas, para quem vive esse problema com intensidade, pode ser algo muito sério, que não deve ser subestimado.

A gente tem que se sentir bem quando se olha no espelho. Não estou falando de ficar continuamente se comparando a padrões de beleza altíssimos, mas de ter a possibilidade de tratar alguns desequilíbrios que podem gerar muito sofrimento, por exemplo, melasma, acne ou gordura localizada. Não são apenas questões estéticas; alguns podem te incluir ou excluir de uma vida social mais integrada.

A pele é o que medeia nossa relação com o mundo. É a nossa fronteira. Ela também manifesta nossos desagrados, nossas incompatibilidades, nossas angústias... Cuidar dela é cuidar de tudo isso. É claro, o ideal é se aceitar como se é, com suas características, mas é muito bom saber que, com cuidado, tudo pode ficar melhor e mais bonito. Porque somos, essencialmente, assim.

Quando nos damos uma dose de amor-próprio, quando amaciamos essa fronteira entre nosso interior e o mundo externo, inserimos esse amor no nosso sistema. E isso não significa seguir padrões predeterminados. O amor promove harmonia, e é ela que proporciona não apenas saúde, mas a verdadeira beleza.

Percebi, com o tempo, a razão pela qual eu sempre quis ser especialista em pele: eu queria que as pessoas tivessem uma vida melhor, mais digna, com autoaceitação, porque envelhecer faz parte da nossa jornada. E eu acredito que a gente pode envelhecer bem, a gente pode envelhecer com saúde, a gente pode envelhecer com uma pele bonita.

Eu amo cuidar das pessoas. E esse é o meu principal foco. Eu adoro quando alguém me procura e diz: "Você não sabe, consegui melhorar muito minha pele! Estou feliz, eu estava tão triste!". Isso não tem preço, não tem preço! Ver que a pessoa se sente bem com ela mesma sem precisar de quilos de maquiagem para disfarçar um incômodo... É também uma questão de saúde mental.

Por isso eu trabalho pelo desenvolvimento de produtos cada vez mais eficazes, e também compartilhando informação. Sim, há muita gente com sede de informação, e hoje ela ainda fica restrita a algumas pessoas. Eu trabalho para mudar isso. Por mais que tenha me esforçado muito para consegui-la, eu não quero que seja só minha, eu quero que seja de todos.

— Joyce, o conhecimento é a única ferramenta que ninguém tira de você. Uma casa, um carro, uma empresa, tudo isso você pode perder. Mas, com seu conhecimento, tudo se reconstrói — meu pai me dizia isso quando eu ainda era criança. Esse conselho eu nunca esqueci. Com conhecimento se vai longe. E, se ele estiver de mãos dadas com o amor, com querer o melhor para o outro, nada pode te segurar. Nada.

Viajando pelo Brasil com o sonho na mala

Realmente, nada me segurou. Durante meus primeiros anos na Mezzo, a vontade de compartilhar meu conhecimento me abriu as portas para todos os cantos do país.

E eu entrei, sem pensar duas vezes. Importante dizer que isso aconteceu antes da era dos influencers ou do marketing de conteúdo. Eu fazia tudo por vocação, por desejar que informações importantes pudessem chegar a todas as pessoas que as buscassem.

O conhecimento é algo grandioso, que não deve ser guardado, precisa ser compartilhado. Dessa forma, muitas pessoas serão favorecidas. Até hoje, eu aprendo para ensinar, para fazer chegar a cada um que deseja ser transformador, que deseja ajudar o próximo por meio da arte do seu trabalho.

Naquela época, meu público era composto de estudantes e profissionais da área de cosmetologia. Para isso, eu não media esforços: em todos os lugares onde me chamavam para falar desse assunto, lá estava eu, com minha malinha, me elevando pelos ares, seja para dar uma palestra ou mostrar meus produtos. Fui a congressos, faculdades, workshops, clínicas de estética, onde fosse convidada, sem olhar para a quantidade de público. Onde eu pudesse compartilhar meu conhecimento, lá eu estaria.

Nas primeiras vezes, como não havia equipe ou verba, eu ia sozinha. Eu, a CEO da empresa, carregando dezenas de caixas, empurrando os carrinhos nos aeroportos. **Mãos na massa e pés no salto.** E o meu rosto em todos os lugares possíveis. Nada de on-line, era tudo presencial, in loco.

Isso fez toda a diferença para o crescimento da empresa. A cada viagem, eu ganhava em vendas e no reconhecimento da marca. Às vezes, ia falar sobre tecnologia e inovação e aquilo estava associado a algum produto nosso. Nesse começo, chegava a ser maluco: a empresária que dava a palestra ia depois correndo para o estande que ela mesma havia montado trabalhar as vendas. Empreendedora, produtora, palestrante, vendedora. Todas em uma.

Coisa de super-heroína?

Não. Coisas que a força da nossa vontade nos faz realizar.

Com o tempo, conforme íamos crescendo, pude contratar mais gente, e as funções ficaram mais distribuídas, mais fluidas, mais fáceis. Hoje, a equipe comercial tem quinze pessoas. Mas esse foi um passo conquistado somente porque o anterior havia sido dado.

Firme e de salto alto.

Inspiração & inovação

Em 2017, conseguimos finalmente estabilizar nossas contas, mas ainda não dava para pensar em novos investimentos. Felizmente, como crescíamos ano a ano, a partir de 2018 já foi possível investir na expansão da marca. Então, foram conquistas e mais conquistas.

Nessa fase, os nossos marcos vieram das inovações. Essa palavra sempre esteve no DNA da Mezzo porque também é essencial para mim. Não bastava criar produtos, ainda que vendáveis, que fossem apenas mais do mesmo. Não, era preciso ir além. A ênfase na pesquisa sempre esteve no topo da nossa escala de valores, e nos tornava pioneiros em muitos produtos que sequer existiam no mercado.

Nossa mira estava posta para além do conhecido. Inovação, cientificidade e qualidade: essa tríade é a combinação exata da nossa marca. Desde os nossos primeiros passos, investimos muito na pesquisa e no desenvolvimento. Conforme fomos nos estabelecendo nesse tripé, toda vez que idealizávamos e desenvolvíamos os produtos, todos passavam a procurar por eles. Sempre estivemos na ponta.

O objetivo, contudo, não era inovar por inovar. Nós saímos na frente porque buscamos a transformação no dia a dia das pessoas, agregar algo importante em suas vidas com segurança, eficácia e cientificidade. Se não for assim, não vale a pena.

Por exemplo, nossas linhas de fotoproteção, acne, rejuvenescimento e combate ao melasma se tornaram novas referências no mercado. Ficamos também conhecidas pelas "mesclas para multiprocedimentos", outra inovação pioneira. Como resultado, entre 2019 e 2022 ganhamos diversos prêmios na categoria inovação.

Além disso, tivemos destaque em publicações científicas internacionais. Nos tornamos a única empresa de dermocosméticos com estudos científicos publicados, e a única no mundo com estudos sobre a técnica de pressurizada. Além de inovar na produção, também produzimos e distribuímos conhecimento.

E por que se dedicar a isso?

Porque, para mim, não basta fazer. Passar adiante como se faz é também parte do meu propósito aqui.

Pioneirismo, qualidade e comunicação: essa passou a ser nossa marca.

Escuta e observação

Por mais que eu sempre tenha algo a compartilhar, entendo que é importante não apenas falar, mas também ouvir. Comunicação é uma via de mão dupla, e a contribuição que vem do outro é bastante relevante.

A escuta permite que a gente entenda o que é realmente necessário para as pessoas. Sem ela, corremos o risco de sonhar sozinhos, depositar todas as fichas em algo que não tem procura. Parceiros, colaboradores, clientes, todas as pessoas têm algo a dizer, e nunca se sabe de onde poderá chegar uma valiosa contribuição.

Hoje, quando eu faço o planejamento de ideias, gosto que outras pessoas participem. Porque cada um enxerga a vida de uma maneira, e eu quero conhecer a forma como cada um a vê, seus insights, perguntas. Vários pontos de vista vão se juntando e vamos remexendo, até que o que precisa aparecer para que as coisas aconteçam da melhor forma emerge.

Uma grande ideia não é só minha; ela brota da cabeça de todos. A minha habilidade é orquestrar isso tudo, assimilar a ideia de cada um e desenvolver algo que é uma mistura de cada contribuição.

Hoje, isso se tornou um lema, para mim e para minha empresa:
Tem que ser bom para mim, para o outro e para todos.
Isso inclui, também, nossos clientes.

*

A escuta é, também, uma excelente fonte de inspiração. Pensando na história da Mezzo, há um caso que ilustra bem o que estou dizendo.

Em 2019, nos tornamos referência com um novo protetor solar, o único no Brasil dentro do mercado de estética que pode ser aplicado depois de técnicas multiprocedimentos por ter uma tecnologia que não permite a permeação cutânea. Foi um novo boom no mercado, além de nos render publicações científicas.

E como essa ideia surgiu?

Enquanto eu assistia a uma aula.

Na ocasião, eu escutava um professor dizendo que não era permitido passar filtro solar após o procedimento de microagulhamento porque o produto penetrava na pele e isso não poderia acontecer naquelas condições.

Naquele mesmo instante, eu pensei: "E se não permeasse?".

Essa pergunta me levou além, trazendo outras bem interessantes: "Será que é possível existir um produto assim? Será que eu consigo desenvolver uma molécula que não permeia?".

Perguntas movem o conhecimento. Pesquisas e mais pesquisas.

Enfim, chegamos a um produto e o testamos. Não apenas entre nossas paredes: enviamos à Universidade de Campinas (Unicamp) para cientistas comprovarem sua eficácia.

Resultado: três pesquisadores doutores assinaram o laudo. A molécula não permeava.

O produto era real, verdadeiro e seguro. Conseguimos.

Mulheres e mais mulheres: juntas vamos mais longe

Dá para ser inovadora em mais alguma coisa?

Claro que dá.

Minha mãe me dizia quando eu era criança: "Estude, trabalhe duro e nunca dependa de ninguém, muito menos de um homem. Você é capaz!".

Já falei muito de dona Rosângela aqui, do seu apoio incondicional ao meu pai e à nossa família. Então, se ela me deu um conselho desses, foi muito mais por sabedoria do que por ressentimento. Da sua maneira, ela foi um exemplo disso, do quanto a força de uma mulher pode reerguer das cinzas qualquer situação.

Por mais que sejam notáveis os avanços na nossa cultura, ainda vivemos em um mundo muito machista. Mesmo sendo praticamente uma leoa, o fato de ser mulher (e ainda jovem) me fez ser desacreditada inúmeras vezes. Isso sem contar o fato de ter nascido em uma realidade que não condizia com a das pessoas que eu tinha que lidar.

Minha mãe sempre foi um porto seguro, e ao tomar a empresa em minhas mãos, quis fazer dela um campo de acolhimento e firmeza. Eu já havia iniciado um trabalho forte junto às mulheres quando fundei o Instituto Joyce Rodrigues, o qual as ajudava a se recolocar no mercado de trabalho. E, ao montar o time da Mezzo, não tive dúvidas:

O conhecimento é algo grandioso, que não deve ser guardado, precisa ser compartilhado. Dessa forma, muitas pessoas serão favorecidas. Até hoje, eu aprendo para ensinar, para fazer chegar a cada um que deseja ser transformador, que deseja ajudar o próximo por meio da arte do seu trabalho.

Joyce Rodrigues
CRIE SUA PRÓPRIA SORTE

noventa por cento da nossa equipe é composta de mulheres. Nós somos fortes, guerreiras e, ao mesmo tempo, temos uma sensibilidade incrível para tomada de decisões. Isso faz toda a diferença.

Anjos do Sol

A Mezzo não estaria completa sem realizar ações sociais.

No finalzinho de 2016, foi idealizada a campanha de prevenção ao câncer da pele Anjos do Sol. Foi uma ação de educação em saúde, com foco em escolas, parques públicos e hospitais, formando "Anjos Educadores" com o objetivo de disseminar a importância do uso do protetor solar para o maior número de pessoas possível.

Essa campanha nos trouxe, em agosto de 2017, o 4° Prêmio Estética na categoria responsabilidade social. Foi uma grande alegria, e nos deu a certeza de que estávamos no caminho certo, fazendo a diferença e contribuindo para que, por meio da informação, a população se conscientizasse e pudesse se prevenir contra uma doença terrível, mas que pode ser evitada.

Bases sólidas, voo certo

Uma empresa com propósito, alicerçada não apenas em vender produtos, mas em melhorar a vida das pessoas. Inovar com pesquisa e respaldo científico e não se elitizar; pelo contrário, compartilhar o conhecimento.

Conseguimos.

Não cruzamos um mar de rosas nem aquela estrada idealizada, sem pedras ou incertezas. Lidamos com todas as dificuldades do mercado e com um sem-número de ações sabotadoras e concorrências desleais — e resistimos. Mais que isso: existimos.

Assim mesmo; no plural, com uma equipe formada por mulheres maravilhosas.

Finalmente, terra firme.

Finalmente, uma base forte para alavancar os novos voos.

cápsulas de aprendizado

Para mim, foi importante entender o que estava além da superfície dos produtos que eu desenvolvia. Focar não apenas em desenvolver algo vendável, mas naquilo que poderia ajudar as pessoas, deu um sentido maior ao empreendimento. Ao colocar meu pensamento no significado da pele além da estética, eu pude levar minha inspiração para esses lugares, e atender a anseios e necessidades mais profundas da vida das pessoas.

Compartilhar o que se sabe, por mínimo que seja, pode ajudar muito a vida de alguém. O que parece pouco para você pode ser justamente o que a outra pessoa precisa ouvir naquele momento. A generosidade também se expressa no campo da informação, e passar o conhecimento adiante é uma excelente maneira de aprender.

Falar é importante, mas escutar é essencial. Na escuta verdadeira, adquirimos novos pontos de vista, e eles nos trazem insights e perguntas fundamentais. Ao deixarmos de lado a tendência egoica de querer assinar um único nome em uma ideia genial, ganhamos a possibilidade de ir muito além do que faríamos sozinhos. E o melhor: depois de realizado, temos com quem celebrar.

Construir um empreendimento tendo como alicerce a ética, a seriedade e o respeito pode parecer lento ou custoso para quem tem a mira posta na satisfação imediata, mas é a melhor garantia do sucesso a longo prazo. Além disso, trabalhar com excelência e impecabilidade atrai justamente as pessoas que compartilham desses valores. Como nada grandioso se faz sozinho, poder contar com um time de confiança é a melhor maneira de crescer com bases sólidas.

11.

Ainda me faltava o silêncio

Quase tudo?

A empresa andava às mil maravilhas.

Recuperação financeira, inovação, sucesso, novas portas se abrindo...

O que mais eu poderia conquistar?

Saúde.

Equilíbrio.

Silêncio.

Os presentes que vêm com um filho

Se o nascimento do meu primeiro filho me trouxe o contato com a sensibilidade mais adequada para meu trabalho, a nova gestação me trouxe a importância de uma vida em proporção.

Até então, eu só trabalhava.

Ainda que fosse um trabalho com muito mais conexão, executado de maneira mais amorosa — meus aprendizados após o nascimento de Pedro —, a necessidade de empreender com a Mezzo haviam me colocado em um novo momento de aceleração. E, apesar de essa dinâmica ter sido essencial para conquistar o patamar onde eu me encontrava, não seria sustentável seguir vivendo daquele jeito.

Lucas nasceu no meu dia de sorte: 13. Foi desse ritmo frenético que esse nascimento me libertou.

Um novo renascimento

A cada nascimento de um filho, uma nova versão minha vinha à tona.

No caso de Lucas, desde que fiquei grávida, o brilho nos meus olhos mudou. Foi como sentir um sol. E não foi uma gestação fácil; tive um descolamento de placenta que me obrigou a passar um período em recolhimento, mudar agendas, cancelar viagens...

Já era esse o aprendizado trazido por ele: estar na minha casa. A interna.

*

No dia do parto, eu estava com muito medo. O bebê havia se desencaixado da posição fetal tradicional e estava sentado, demandando outra cesárea. Aquela experiência anterior com Pedro, aqueles 21 dias de UTI, ainda retornavam à memória trazendo tremores. Eu estava muito nervosa, e só queria saber se ele estava saudável. Era a única coisa que importava.

Lucas nasceu bem, nos colocaram no quarto, mas logo ele começou a ter problemas para respirar. E foi para a UTI.

UTI.

De.

Novo.

Eu havia até mudado de hospital, como se pudesse manejar a vida da mesma maneira que estruturava um cronograma. Estava com medo, muito medo de que o que eu havia vivido com Pedro voltasse a acontecer.

E aconteceu.

Ainda bem que dessa vez foi um dia só. Mas o susto foi o suficiente para me transformar.

De novo.

Aprendendo o milagre do equilíbrio

Depois dessa segunda experiência, eu me comprometi a mudar de vida.

Mas como?

Dois filhos, a empresa no auge do crescimento e eu precisando dar conta de tudo. Porque, se "chegar lá" necessita de trabalho, manter o patamar conquistado também não é nada fácil. Não existe isso de "ah, agora é só navegar nesse mar sem preocupações". O vento sempre poderia virar.

Só que não daria mais para fazer as coisas do mesmo jeito, com aqueles picos de cortisol atropelando minha saúde física e mental. Trabalhar duro não poderia mais ser sinônimo de atropelar a mim mesma, superar meus limites não poderia ser passar dos limites aceitáveis para uma saúde física, emocional, mental. Quando se tem muita garra, é fácil passar da conta, e só vamos ver a conta depois, quando encararmos um colapso ou uma situação difícil.

Mas como discernir os momentos em que eu estava me entregando ao que deveria ser feito daqueles em que eu estava me avassalando? Como fazer para atender ao essencial, a todas as demandas da empresa, ao puerpério, à vida em família de maneira equilibrada? Seria possível fazer tudo isso bem sem negligenciar nada? Inclusive a mim mesma?

Percebi que me faltavam referências, então fiz como sempre: fui atrás do conhecimento. Até então, meu foco era apenas a minha área, mas novas necessidades geram novas buscas. Nelas, descobri alguns livros que me ensinaram outros hábitos, os quais imediatamente apliquei em minha vida.

Mudei minha rotina. Passei a acordar mais cedo — tão cedo que nunca acreditei ser possível —, a fazer um pouco de exercício, a praticar ioga, ler e meditar. Cuidar da minha saúde mental. Todos os dias.

É engraçado, porque eu odiava acordar cedo. Mesmo sendo a típica workaholic, esse era um sacrifício que eu só fazia por necessidade. Tanto que uma das coisas que falava para minha mãe era: "Eu vou ter minha própria empresa para não ter horário! Eu quero ter meu próprio horário!".

Doce ilusão.

Quando você está no piloto automático, o que acontece é o contrário: a rotina te engole cem por cento. Aparentemente, é você quem de-

159

cide, mas, na prática, sua agenda vai sendo desenhada por um sistema de crenças que diz que o trabalho 24×7 é o que vai garantir seu sucesso.

Eu mesma, algumas páginas atrás, falei isso. Mas entendi que para tudo há um limite, porque trabalhar duro é uma coisa, trabalhar de forma obsessiva é outra completamente diferente. E são facilmente confundíveis, porque, sem uma percepção diária do nosso estado emocional e mental, podemos automaticamente entrar em um modo compulsivo, como se cada segundo colocado em outros assuntos além de nosso crescimento profissional sejam atrasos para que isso aconteça, ou distrações irrelevantes.

Por mais que isso pareça ser eficiente, a vida dessa forma perde profundidade e graça. Tudo vira um eterno checklist, e isso vale até quando estamos (aparentemente) nos divertindo. Na frequência sem-poder-parar tudo vira obrigação, até os momentos de descanso. Tudo vira um "tem que", sem respiro, preso na superficialidade.

Se a chegada de Pedro me mostrou o quanto eu necessitava de um ambiente amoroso à minha volta, Lucas trouxe com ele a necessidade de silêncio e proporção. Naquele momento, novamente imersa em uma revisão interna proporcionada pelo puerpério, aprendi: viver continuamente no modo obsessão colocava em sacrifício coisas muito importantes: minha paz, meu equilíbrio e, por incrível que pareça, também meu tempo.

*

No começo, como tudo o que é novo, deu trabalho para desconstruir o jeito antigo de atravessar o dia. Mas, confiando que não haveria um único caminho, comecei a colocar em prática os conselhos que havia coletado em minhas leituras e concluí, na prática, que eram bastante efetivos.

Percebi algo precioso: a qualidade da minha presença proporcionada por um período de conexão comigo mesma diminuía o tempo necessário para executar uma tarefa e ela era realizada de forma ainda mais eficiente. Uma hora trabalhada em paz, em harmonia, não só me deixava muito mais capacitada, como me impedia de tomar decisões equivocadas — que depois iriam consumir mais tempo para reverter o problema.

Aos poucos, fui percebendo que esse equilíbrio entre os vários setores da minha vida me energizava, que o tempo dedicado à meditação me deixava mais potente, mais forte e mais inspirada.

E uma matemática maravilhosa se apresentou: as horas dedicadas às práticas que promovem conhecimento e equilíbrio se multiplicavam por dez, não apenas tornando meu trabalho mais fluido e focado, como mudando completamente a atmosfera junto às pessoas.

Isso, sim, foi uma conquista.

Muitos aprendizados

Aprendi a respeitar minhas necessidades e a confiar que, se elas forem satisfeitas, isso não vai representar um problema. Ao contrário, tudo sairá melhor. Por isso, se hoje eu sinto que preciso, no meio do dia, de quarenta minutos para meditar, malhar ou ficar comigo mesma, eu respeito. Porque sei que vou ter as outras horas para seguir trabalhando, e elas serão melhores.

O hábito de observar diariamente minhas emoções e meus pensamentos me conduziu para outra frequência que me permite não só realizar, mas desfrutar de cada momento.

Eu gosto de meditar com o sol batendo em mim. Sim, eu adoro o sol. Esse astro, para mim, nunca foi um vilão, mas uma grande fonte de amor e energia. Por mais que precisemos nos proteger dos efeitos nocivos de uma exposição inadequada, sem ele nada estaria vivo. E, como sou especialista nos cuidados que devemos tomar, posso receber seu abraço sem preocupações.

Essa é a dádiva do conhecimento, nos dar ferramentas para desfrutar da vida sem medo e sem riscos. Dessa forma, sou despertada pela luz e sinto essa força dentro de mim. Como se o mesmo sol que me acorda também brotasse no meu coração.

*

Trabalhar duro não poderia mais ser sinônimo de atropelar a mim mesma, superar meus limites não poderia ser passar dos limites aceitáveis para uma saúde física, emocional, mental.

Joyce Rodrigues
CRIE SUA PRÓPRIA SORTE

Gostaria de esclarecer uma coisa: para meditar ninguém necessita de condições especiais. Realizar essa prática, ao menos para mim, é muito simples, um exercício de silêncio e observação, e foi o fato de realizá-la todos os dias que me permitiu configurar um espaço interno de conexão.

Primeiro, eu faço um relaxamento e vou liberando todas as coisas ruins que eu sinto, toda a angústia, mágoa, todos os fatos que estão me machucando... vou simplesmente percebendo as emoções e soltando. Depois, eu agradeço. Sou grata a tudo aquilo que tenho, à minha família, às minhas conquistas. E então, finalmente, mentalizo e verbalizo o que ainda quero alcançar. Quanto mais detalhes, melhor.

Depois desse tempinho comigo mesma, eu estudo. Aproveito as primeiras horas da manhã para ler algo que me interessa ou que me inspira. Então, eu me exercito um pouco, e estou pronta para começar o dia.

Essa prática simples até hoje me dá forças diariamente. Aí, sim, há descanso. Até no fazer. Esse outro lugar a partir de onde minhas ações brotavam também me convidou a me relacionar com os demais de um jeito diferente. Aprendi a delegar, a entregar. Aprendi a confiar que, com uma boa equipe formada, eu não preciso acompanhar o passo a passo de cada processo.

Esse *voto de confiança* nas pessoas, em suas capacidades, também as fortalece. Mas é preciso coragem, é preciso parar de achar que um colaborador tem que ser vigiado para trabalhar direito, ou que está ali à espreita, esperando o momento de se vingar. Todo esse pensamento se origina na imensa desigualdade que ainda rege nosso país e que, infelizmente, se perpetua nas organizações que não entenderam os novos paradigmas a partir dos quais poderiam se reestruturar.

Quando eu me liberto, também liberto o outro dessas injustiças. E assim promovemos uma nova forma de se relacionar, o ganha-ganha, em que todos são beneficiados. Meu lugar é o de regente dessa sinfonia de talentos na qual todos têm uma voz, uma contribuição ao grande coro.

E a harmonia, em uma orquestra, vem justamente da diversidade convergente.

Uma nova organização na empresa e na vida

É importante ver nosso cotidiano como um todo, integrado e harmonizado. Não adianta estarmos bem em um setor, como o trabalho, e totalmente desconectados de outro, como a família, a saúde ou o bem-estar emocional. A vida não funciona assim, porque no fundo somos a mesma pessoa e uma área interfere no outra. Ou seja, ainda que os âmbitos do nosso cotidiano sejam diferentes, se eles formarem um todo harmônico, o que experimentamos é uma vida integral.

Mas, às vezes, as coisas estão tão confusas que precisamos separá-las didaticamente para perceber em que precisamos dar atenção. Por isso, quando fiz essa revisão interna, olhei para cada um dos papéis que eu ocupava na vida — empresária, mãe, mulher, esposa... Avaliei cada um deles, onde precisaria melhorar, dar mais atenção... E as coisas passaram a ter uma sintonia mais alta.

Outra coisa que me ajudou muito: ter um planejamento de metas detalhado. Saber onde eu gostaria de chegar depois de cinco anos, então depois de dez anos, fazendo a mim mesma perguntas fundamentais.

As perguntas não se referiam apenas à empresa. Por exemplo, "como posso ter uma alimentação mais balanceada? O que eu vou melhorar na minha performance como profissional? Quais são os cursos que eu preciso procurar para aprimorar meu trabalho?". Procuro detalhar bem as respostas, questionando em todas as áreas possíveis: saúde, conquistas materiais, metas da empresa, relações, viagens familiares, exercícios físicos, estudos, novos aprendizados, vida emocional, crescimento pessoal, projetos de vida, tudo!

Dessa forma, quando chega o fim de ano, perto das festas, eu avalio o que conquistei com base nas metas que eu estipulei. Vejo o que ainda preciso ajustar, e essa é a base para o planejamento do ano seguinte. É importante ter em conta uma coisa: a flexibilidade. Pode ser que o que eu desejo daqui a cinco anos não chegue em cinco, mas em seis anos. Eu nunca falo: "Ah, não chegou onde eu planejei!". Ao contrário, eu observo os indicadores de avanço e confio que, no tempo certo, aquilo vai se concretizar.

O resultado de uma vida mais equilibrada

Com todos esses ajustes, em apenas três anos fiz a Mezzo crescer muito mais, tanto em exposição de marca quanto com novos picos de faturamento. E o melhor: tive mais vontade, mais garra, e um brilho nos olhos me acompanha diariamente. Realizamos muitos eventos, ganhamos prêmios, impactamos vidas. Sempre com muito sentido e energia.

Essa experiência me deu a certeza de que a luz vem de dentro, e, quando você a acorda, as coisas começam a fluir muito melhor. Com toda a pressão que vivemos, isso se torna tão essencial quanto beber água. Uma simples prática diária, ocupando pouquíssimo do nosso tempo, é capaz de produzir resultados muito satisfatórios e de acordar o contato com uma força divina em nós.

Para muitos, essa força se chama Deus, mas há muitos nomes possíveis. Mesmo que você não siga nenhuma religião, essa paz profunda te conecta com o teu melhor, te coloca na tua melhor sintonia, e isso já traz ao mundo algo bom, belo e verdadeiro.

Tudo o que a gente faz e afirma todos os dias se consolida. São essas falas diárias, essas pequenas ações, que semeiam o que colhemos no futuro. E um futuro até bem próximo! A nossa imaginação é essa terra fértil: ou você a ocupa, ou pensamentos inconscientes e crenças coletivas farão esse trabalho. Ocupar-se é a melhor garantia de que só vamos deixar entrar na nossa vida o que realmente escolhemos. Conscientemente.

Hoje, eu exercito a minha mente todos os dias pela manhã, e logo quando acordo eu sei quem sou e onde quero chegar. Não importa o que aconteça. Por exemplo, um dia, imediatamente depois da minha meditação, eu soube que uma das minhas lojas prestes a inaugurar estava atravessando algumas dificuldades para sua abertura. O que eu fiz? Fui correr! Porque eu precisava acelerar minha adrenalina. Depois liguei para o meu contador, dei as minhas instruções e fui fazer outras coisas, mentalizar coisas boas, porque, se o problema existe, existe também sua solução. Senão o nome dele não seria problema!

Essa é a dádiva do conhecimento, nos dar ferramentas para desfrutar da vida sem medo e sem riscos. Dessa forma, sou despertada pela luz e sinto essa força dentro de mim. Como se o mesmo sol que me acorda também brotasse no meu coração.

Joyce Rodrigues
CRIE SUA PRÓPRIA SORTE

Nessa sintonia alta, dei uma injeção de ânimo na minha equipe: "Gente! Se não tiver desafio, para que a vida existe?".

Não é simplesmente uma frase motivacional. Quando a gente está bem, consegue ver e sentir isso claramente. Uma vida equilibrada não significa o fim dos problemas externos, mas ela te brinda com uma certeza de que, haja o que houver, você vai encontrar uma saída. Na certa.

cápsulas de aprendizado

Aprender a diferenciar o que é trabalhar com afinco de um atropelo pessoal é essencial para nossa saúde física, emocional e mental. Para isso, é necessário desconstruir o modelo workaholic que é disseminado por todos os lados. Mais vale um trabalho feito com ritmo, constância e presença do que se esforçar em excesso, o que pode trazer sérias consequências, além de comprometer o próprio resultado.

———

Perceber seus limites é um ato de amor consigo. Sacrificar algo essencial para nosso bem-estar torna nossa ação pesada, e até ineficiente. Por outro lado, renunciar a tudo o que nos faz mal, o que nos rouba o tempo, e dedicar essas horas ao que nos faz bem é a melhor maneira de se nutrir e ganhar energia. Só podemos dar ao mundo o que temos, e, se estamos esvaziados por uma rotina extenuante, não há disciplina ou discurso motivacional que dê conta de nos mover. O que nos faz transbordar em ações inspiradas é nosso amor-próprio, e ele está muito além da aparência.

———

Tomar um tempo para me conectar comigo mesma logo no começo do dia faz toda a diferença para entrar em contato com esse amor. Respirar, observar meus pensamentos, afirmar o que me faz bem. Receber a luz que vem de fora e perceber a luz que vive dentro. Dar a mim mesma um tempo para alimentar minha alma daquilo que ela necessita. Tudo isso me preenche de paz, e a partir desse estado de espírito, o dia se torna completamente diferente.

———

Nenhuma mudança significativa acontece sem ritmo e constância. Mais vale uma hora por dia se dedicando ao contato consigo do que passar férias no alto de uma montanha e depois retornar a um estilo de vida insustentável. Tudo o que praticamos diariamente torna-se um hábito, e essa é uma maneira de trazer para a tua vida o que te faz bem, diariamente. Vale a pena experimentar.

Outra coisa que me ajudou muito: ter um planejamento de metas detalhado. Saber onde eu gostaria de chegar depois de cinco anos, então depois de dez anos, fazendo a mim mesma perguntas fundamentais.

Joyce Rodrigues
CRIE SUA PRÓPRIA SORTE

12.

Happy day & (feliz) Ano-Novo?

Avanços e mais avanços

Todo esse aprendizado com a meditação, o equilíbrio e a harmonia se expandiu e exalou a partir do meu novo estilo de vida, como um raro perfume. E, uma vez que as minhas ações não se restringiam à esfera pessoal, essa atmosfera contagiou todo o planejamento da Mezzo.

A partir de 2018, a marca se expandiu. Além da Mezzo Dermocosméticos, nosso ponto de partida, foi criada a Mezzo Nutrition. Ela nasceu sustentada pelo conceito de *in/out*, ou seja, o cuidado de dentro para fora, o cuidado com a saúde, um complemento imprescindível na rotina de qualquer pessoa. Os produtos foram desenvolvidos tanto para o consumidor final quanto para nutricionistas e profissionais de estética.

Em 2019, a Mezzo se desdobrou mais uma vez: nasceu a Mezzo Pharmaceutical, uma marca de produtos com tecnologia europeia voltada para a área de estética, tendo como público biomédicos, farmacêuticos e dentistas.

Ao longo desses anos de intenso crescimento, realizamos muitas feiras e eventos, e conquistamos prêmios importantes. Só para citar alguns, em 2018 vencemos a categoria de melhor lançamento do ano com o produto Concept Skin Fill e a Mezzo ganhou como Empresa Amiga do Profissional de Estética. Em 2019, mais dois prêmios de inovação em cosmetologia: melhor produto facial, com o Concept Liporredutor, e melhor *home care*, com o protetor solar Fotoactive Skin Cover.

Também firmamos nosso respeito com o meio ambiente: conseguimos estabelecer nossas pesquisas sem nos valer de crueldade com animais, desenvolvemos formulações com ingredientes mais naturais, funcionais e veganos, utilizamos apenas madeiras certificadas e criamos embalagens reutilizáveis.

Desde a minha aquisição da empresa, nosso crescimento se dava em uma média de sessenta por cento ao ano. De 2018 para 2019, crescemos 63%. Com tantas e tantas conquistas, estávamos em um momento bastante inspirado. Sempre de olho na inovação, seguíamos com nossa prática de promover pesquisa de ponta e escrever artigos para revistas científicas. Mas não parávamos aí.

Meu objetivo sempre foi chegar a um grande número de pessoas das mais variadas maneiras, com a missão de compartilhar conhecimento da forma mais ampla possível. As redes sociais já haviam aberto espaço para isso, e prontamente as ocupamos. Além dos canais virtuais, das aulas, palestras e estudos científicos, também lancei meu primeiro livro, *Tudo às claras: um mergulho no melasma*, que fala sobre esse assunto delicado que aflige milhares de mulheres.

O mundo era nosso, a inspiração era muita, e estávamos prontos para um novo salto.

Oh, *happy day*!

Seguindo na boa onda de 2019, fomos convidados para um pré-congresso em uma grande feira que seria realizada no Anhembi: Estética in São Paulo. Esse evento preparatório seria inteiramente organizado por nós, e demos a ele o nome de 3º Congresso de Arquitetura Facial e Corporal Mezzo. Nele, lançaríamos quatro produtos incríveis e seis estudos científicos inéditos, por isso não queríamos apresentar nada de forma tradicional, como o mercado costumava fazer.

Eu visualizava algo grande, precioso. Não falo apenas de números, mas da *experiência* que pretendíamos proporcionar com esse evento. Eu já sentia que seria especial, e não queria nada comum. Sim, haveria muita informação e muitas palestras importantes, mas, além disso, haveria *algo mais*.

Eu mentalizei cada detalhe, o congresso inteiro, o lugar. Vi uma plateia lotada e eu, no palco, conversando com toda aquela gente. Trabalhamos duro para materializar essa imagem, com muito entusiasmo e amor. Desde os preparativos, já era impressionante a energia que estávamos movendo, e a equipe que trabalhava para o evento estava sinceramente tocada por aquele objetivo comum. O que todos faziam, diariamente, era muito mais que a execução de um dever, e o que entregaram foi um empenho genuíno, cada um dando seu melhor, para que algo fantástico acontecesse.

Todo mundo pensava que levaríamos cerca de mil pessoas, mas, no dia, com nossa mobilização, chegamos a 3.700 participantes! E faziam fila na porta para entrar.

Quando subi ao palco, me arrepiei inteira: a cena foi exatamente a mesma que eu havia visualizado. Exatamente. Eu chorei de emoção, de alegria. Aquilo foi uma explosão de amor e adrenalina que eu nunca mais vou esquecer.

E a emoção não foi apenas minha. Fizemos uma dinâmica linda: começamos perguntando para a plateia: "Como é que vocês estão se sentindo?".

Como é que vocês estão se sentindo?

Quantas vezes te perguntam isso na vida?

Então, alguém da plateia começou a cantar: "Oh, happy day...". E logo foi acompanhado por outro, outro e mais outro.

Aquele era um *flash mob* que havíamos preparado, e as doze primeiras pessoas contratadas apenas acenderam o pavio. Aquela ação simples ressoou em algo mais profundo, um chamado por um dia feliz, e isso disparou uma imensa onda de alegria: todas aquelas pessoas cantando a música em uníssono, chorando, encantadas. Não foi uma palestra, foi uma celebração da vida.

Nós promovemos isso.

E ali, de pé, eu chorei. Tentava falar, mas não conseguia. Meu corpo reverberava e fluía toda aquela emoção. Fui tocada pela magia imensa que significou, naquele momento, meu propósito desenhado na sua máxima expressão: tornar a vida algo especial, repleto de entusiasmo, digno de ficar na memória. E quem sabe na história.

Um encontro com o inesperado

Depois dessa experiência, nós demos um novo salto, nos tornamos referência na área de estética.

Aquilo foi um estouro. E nós queríamos mais.

A partir dali, idealizamos um novo congresso para ser realizado no ano seguinte, com data prevista para maio de 2020. Comecei a investir nesse evento, fizemos até um vídeo muito divertido, inspirado na série *La Casa de Papel*. Eu já havia entrado em contato com os fornecedores, e estávamos a todo vapor. Dessa vez, queríamos um mínimo de 5 mil pessoas.

Esse foi um dos desafios que enfrentamos durante o planejamento. O espaço que tínhamos disponível não comportava esse público. Eu não queria rebaixar a imagem que havia visualizado, achava importante que o número estimado de pessoas fosse aquele. Contudo, diante da dificuldade de encontrar um espaço adequado, eu tentava entender os sinais que a vida me trazia.

Lembra que falei sobre isso? Quando a coisa não dá certo como mentalizamos, talvez ainda não seja o momento de acontecer. Ou há um degrau que ainda não foi conquistado, uma barreira anterior que precisa ser transposta.

Depois de um tempo, entendemos. No meio do caminho, o que encontramos não foi uma pedrinha.

Foi uma pandemia.

*

Ninguém poderia dizer que estava preparado para um imprevisto daquela magnitude.

Como é que se lida com um acidente, ainda por cima em escala mundial? E quando — apesar de todo o planejamento — acontece alguma coisa tão grande que escapa do seu controle?

Em primeiro lugar, você aceita o fato.

Parece óbvio, mas não é. Eu poderia ter me apegado às estratégias anteriores, a tudo o que já havia investido no evento, poderia ter insistido em tocar as coisas em frente da mesma forma, com as mesmas imagens, com alguma adaptação. Esperando passar o problema.

Isso só nos levaria a mais perdas.

Sem o véu da negação, vi claramente o futuro: aquilo não iria passar rápido, e precisaríamos mudar completamente nossas prioridades.

*

Antecipando o futuro

Estávamos ainda no comecinho de março. Ainda não se falava em isolamento, mas as notícias que chegavam da China e da Europa não apontavam nada de muito promissor. Senti a onda chegando, e tive o mesmo pensamento desesperador que povoou a mente de todos os empresários do mundo: "Meu Deus, como vou conseguir gerir uma empresa nessas condições?".

Conversei com a equipe de marketing, mas não fiquei tranquila. Passado o desespero inicial (fase 1) seguido de uma letargia (fase 2), a imagem do que eu deveria fazer ficou clara na minha mente: *preciso reagir antes de todo mundo.*

No dia seguinte, coloquei toda a equipe para trabalhar em home office, 95% da empresa. Decidi fazer isso muito antes de o isolamento se tornar oficial. Minha ideia era já fazer um treinamento, avaliar todas as dificuldades, porque, quando fosse pra valer, esse novo sistema de trabalho já teria que estar funcionando.

Então, começamos a nos organizar para o isolamento quinze dias antes de todo mundo, percebendo o que precisávamos melhorar, como ter foco, como trabalhar nessa nova dinâmica. Já começamos a enfrentar os medos, as incertezas, mas sem negação. E essa coragem nos colocou um passo à frente.

Por isso, quando a coisa começou de fato, já estávamos estruturados, e o segundo passo foi começar a fabricar álcool em gel. Esse produto não estava na nossa linha de produção, mas foi nossa porta de entrada para uma nova estratégia.

Que estratégia era essa? Aproveitar a demanda repentina e aumentar o faturamento?

Não.

Garantir a sobrevivência das nossas clientes.

Pensando leve, agindo rápido, querendo o justo, fazendo junto

Logo no início da pandemia de covid-19, meu pensamento foi: eu suporto a empresa fechada por um tempo, mas e os meus clientes, os profissionais de estética? Eram a maior parte do meu público, e eu precisava pensar em alguma coisa que mantivesse essa rede viva.

Imediatamente, tentei sensibilizar o setor para essa necessidade, para buscarmos uma estratégia comum, mas foi difícil. Quando surge um desafio tão grande, logo se instaura a visão de túnel, fruto do instinto de sobrevivência básico, que estranhamente leva a ações individuais, vulgarmente conhecidas como "salve-se quem puder".

Esse é um grande paradoxo, porque nada como esse vírus para nos mostrar o quanto dependemos uns dos outros, como humanidade. Porém, em função do sistema de crenças vigente, a resposta mais comum é acreditar que, garantindo o seu, você estará a salvo.

Isso é matematicamente equivocado.

Então, resolvi fazer o que sentia ser mais coerente. Como poderia ficar bom para todo mundo? Como garantir que, mudadas as condições, toda a rede de clientes e colaboradores ligados à Mezzo também poderia ter um trabalho sustentável?

A nossa primeira ação, como já contei aqui, foi a produção de álcool em gel. Não para ser vendido diretamente ao consumidor final, mas para oferecer às nossas clientes, na maioria profissionais de estética, para que elas vendessem às pequenas farmácias. Dessa forma, em um momento em que todos se trancaram em suas casas e era impossível realizar um atendimento presencial, elas garantiriam imediatamente um meio de subsistência.

Mas... por que as farmácias comprariam álcool em gel diretamente dos profissionais de estética?

Porque a demanda era muito maior que a oferta. Lembra? Fomos todos pegos de surpresa, ninguém poderia imaginar que haveria uma procura tão repentina por um produto até então específico. Por pressão de mercado, as grandes redes de farmácia absorveram toda a produção disponível naquele primeiro momento, deixando as drogarias menores sem possibilidade de também oferecer aquele artigo essencial. Então, nossa estratégia ajudou não apenas nossas clientes, mas as farmácias de bairro, pequenos comerciantes, profissionais com menos bala na agulha, que também tiveram a oportunidade de fazer seu negócio girar em meio ao caos inicial. Assim, mais álcool em gel pôde ser distribuído e chegar à população. Todos ganhamos.

Meu segundo pensamento foi: como movimentar um mercado que depende dos atendimentos presenciais? Como os profissionais de estética, nossos clientes, poderiam manter sua vida, pagar o aluguel de suas clínicas e dar continuidade aos tratamentos de seus clientes?

Foi então que desenvolvemos o programa Cuide dos Seus, que consistia na seguinte estratégia: produzimos kits de produtos para autoaplicação e os disponibilizamos para nossa equipe de dermoconsultores fazerem a venda *home care* aos clientes indicados pelos profissionais de estética.

Funcionava assim: eles ligavam para cada uma das pessoas que costumavam atender e falavam sobre a importância da continuidade do tratamento em casa. Para isso, vendiam nossos kits de produtos indicados para cada caso, e, no final do mês, pagávamos a cada profissional uma comissão sobre a venda. Dessa forma, conseguimos ajudá-los a ter uma renda constante e a pagar suas contas.

Eu não podia esperar, nem deixá-los esperando, que alguém fizesse algo. Então, desenvolvi essa ação por todas essas pessoas, oferecendo uma oportunidade para que pudessem seguir com seu trabalho em vez de se desesperar. E deu muito certo!

*

A ação que desenvolvemos naquele primeiro momento de pandemia marcou profundamente a história da Mezzo. Se antes eu já acreditava em crescer junto, depois disso tive certeza absoluta de que esse é o melhor caminho a seguir.

Quando olhamos para a situação a partir de uma ótica integrativa, coletiva, pensando no que é o melhor para todos, é impossível não funcionar. Porque a vida conspira para isso. A natureza já funciona assim e, como somos parte dela, acredito que o nosso natural não seja a competição atroz, mas a colaboração.

E olha que eu sou uma pessoa altamente competitiva! Não gosto de perder! Mas o segredo é não colocar esse impulso *contra* as pessoas, e sim *a favor* de superar todos os desafios.

Realmente acredito no ganha-ganha, um termo que vem sendo usado no meio empresarial para descrever esse tipo de prática em que todos colaboram e, juntos, recebem mais. Mesmo que não seja a prática dominante — ainda —, fico feliz em ter colaborado para que essa nova forma de se colocar no mercado ganhe força. Não é altruísmo, é questão de fazer as contas e verificar o resultado.

Fazer junto também nos coloca em situação de aprender a confiar na humanidade, mesmo que tenhamos todas as razões do mundo para pensar o contrário. Se você chegou até aqui na minha história, sabe que eu teria motivos suficientes para não acreditar em mais ninguém. Mas aonde uma postura como essa poderia me levar?

A vida seria muito amarga, e eu nem tenho roupa pra isso.

*

Sim, os anos em que fomos devastados pela covid-19 foram muito duros. Não tenho palavras para lamentar o número de mortos, seja por acidente ou negligência, ou a quantidade de pessoas que viram suas vidas desmoronarem, com perda de emprego, saúde, casa, entes queridos.

Da nossa parte, fizemos tudo o que estava ao nosso alcance para garantir que o maior número de pessoas ficasse bem. Cuide dos Seus foi só a primeira de muitas ações que desenvolvemos, e no próximo capítulo vou te contar como a Mezzo não apenas atravessou a pandemia sem nenhuma perda, mas também cresceu. E muito.

A fina camada que nos define como indivíduos pode criar a ilusão de estarmos separados, mas nada como um momento igual ao que vivemos para perceber que a humanidade é interdependente. Somos como órgãos de um mesmo corpo, e quando conseguimos nos ver assim, uma unidade composta de múltiplas formas e cores, conseguimos chegar mais longe.

Pelo menos foi o que senti na pele durante todos esses anos.

cápsulas de aprendizado

Um dos indicadores de que estamos fluindo com a vida é a sensação de realização e felicidade que nos acompanha a cada passo. Mesmo antes de atingirmos nossos objetivos, essa força já se manifesta, contagiando positivamente o ambiente. Os *"happy days"* da nossa história são consequência disso.

———

A pandemia de covid-19 me colocou diante de uma certeza: é impossível controlar o que vai acontecer no nosso futuro, por mais que se observe as tendências. O que está nas nossas mãos é a maneira como vamos lidar com o que quer que aconteça em nossas vidas. Quanto maior a conexão que mantivermos com o nosso interior, mais rápido virão as respostas.

———

A visão de túnel acontece quando estamos em desespero. Nesse momento, as possibilidades se afunilam, e não conseguimos visualizar boas saídas. Se confiamos que sempre haverá não apenas um, mas muitos jeitos de respondermos às adversidades, em vez de nos desesperarmos, podemos silenciar e ouvir nossa intuição. Acredite no que quiser, mas não estamos à deriva. Isso para mim é uma certeza.

———

Quando a solução encontrada é a melhor para todos, não tem erro. Dar as mãos é a melhor garantia de segurança que pode existir. Dessa forma, o outro se torna um parceiro em meio à adversidade, e não um inimigo em potencial. Além disso, é com a soma de muitas pessoas e suas virtudes que conseguimos realizar coisas grandiosas. Ao final, além da maravilhosa sensação de termos superado períodos difíceis, ainda temos com quem celebrar.

———

13.

Prosperidade coletiva: crescimento garantido

Atravessando meses de isolamento social: não era só uma quarentena

Disso todos já desconfiavam. Mas era uma realidade difícil de aceitar.

Nós, como sempre, olhamos com bastante realismo para as circunstâncias e não ficamos sentados na vã esperança de que as coisas logo voltassem ao normal. Havia muita gente ao nosso lado dependendo de uma atitude propositiva, e não poderíamos nos dar ao luxo de simplesmente esperar o que iria acontecer, nos valendo das mesmas estratégias.

Portanto, apesar de nosso pré-congresso já estar com os motores aquecidos — lembra, aquele evento para o qual queríamos levar 5 mil pessoas? —, havíamos entendido que de nada adiantaria apostar todas as fichas em um rápido retorno ao cotidiano presencial.

O principal problema era: como garantir que nosso mercado consumidor continuasse existindo em plena pandemia? Que ações poderiam apoiar não apenas as vendas da Mezzo, mas também o trabalho de todos os profissionais de estética que estavam conosco?

Não seria suficiente entregar um discurso motivacional. Era preciso criar soluções práticas, e com resultados a curto prazo.

Foi o que fizemos.

Cuide dos Seus: mais que uma campanha

Conforme contei no capítulo anterior, desde o começo da pandemia, esse desafio era nossa prioridade. Precisávamos garantir que todas as pessoas que trabalhavam na área de estética pudessem se engajar em uma ação prática, de maneira a garantir que seu trabalho continuasse existindo e sendo remunerado. Para isso, era necessário que seus antigos clientes seguissem sendo atendidos de forma remota.

A campanha Cuide dos Seus foi um primeiro movimento nessa direção, e teve relativo sucesso, sobretudo porque agimos rápido. Essa agilidade se deu por nossa prontidão em encontrar soluções (em vez de lamentar sobre os problemas) e porque o cuidado com nossos clientes e parceiros sempre esteve no DNA da Mezzo. Da preocupação com a qualidade dos produtos até o constante compartilhamento do conhecimento, sempre tivemos um grande respeito e admiração por todos os profissionais que estavam conosco. Desde nossa origem, firmamos com eles o nosso maior compromisso.

Mas não poderíamos parar nessa primeira campanha. O mercado de estética, muito dependente do contato presencial, precisava ser totalmente repensado para aquele momento. Novas ações precisavam ser idealizadas, as famosas ações fora da caixa, para que os profissionais pudessem continuar tendo os cuidados com a pele como meio de vida.

Quando falamos em inovar, não estamos nos referindo a um produto, a uma forma de se comunicar; estamos falando de um todo. Só cresce quem não tem medo, quem dá a cara pra bater, quem tenta e aprende com os erros, e esse sempre foi o nosso espírito: sair do quadrado, do convencional, entregar sempre o extra, surpreender, provar que é possível ser diferente e que existem outros caminhos.

Buscar novos caminhos... tomamos essa missão como um desafio, e partimos para buscar soluções.

O mundo não dava sinais de que voltaríamos tão cedo ao presencial. Então, só nos restava uma saída, a única opção que tínhamos: o mundo digital.

*

Inicialmente, para articular e nos aproximar de nosso público, intensificamos a comunicação nas redes sociais. Precisávamos urgentemente estabelecer esse canal direto, não só para divulgar os novos lançamentos, mas também para nos fortalecer.

Percebemos o novo momento e, mais importante, *entendemos* o novo momento. A nossa maior preocupação foi sempre como manter os nossos profissionais atualizados e capacitados no mercado. Estudamos estratégias e nos adaptamos, então partimos para a comunicação on-line.

Chegamos ao nosso público de forma diferente, mas ficamos com ele, encontrando diferentes maneiras de ajudá-lo: ensinando, desenvolvendo programas de vendas e incentivos para apoiá-lo durante a pandemia. Estivemos presentes. Isso pode parecer pouco, mas éramos um grande e constante ponto de apoio.

Para isso, lançamos as jornadas de lives. Começamos devagar, tímidos no mercado digital, mas sabendo o que queríamos fazer e já pensando grande, idealizando atingir centenas de pessoas.

Ainda que a princípio o formato dessas lives não fosse tão profissional, aquela experiência serviu para esclarecer quais eram as maiores necessidades do nosso público. Entendemos que havia dois grandes déficits: o primeiro tinha a ver com os conhecimentos técnicos na área, e o outro era a dificuldade de gerir a própria carreira, a gestão do negócio em si, o que impedia muitas pessoas de prosperar.

Entendemos, então, qual era o conteúdo necessário a compartilhar. O próximo passo seria fazer isso de forma profissional.

Profissionalizando o mundo digital

Uma coisa que eu aprendi na minha vida como empresária é entender o limite entre o que eu posso (e sei) fazer e quando é necessário contar com um serviço especializado.

Já havíamos contratado uma empresa para reformular nossa loja virtual. Antes do isolamento social, tínhamos um serviço de e-commerce, mas as vendas se davam também em lojas físicas (próprias da marca), além dos distribuidores e dermoconsultores Mezzo. Quando essas portas foram temporariamente fechadas, aproveitamos para aprimorar nosso site e facilitar ao máximo as vendas por lá. Também

Não seria suficiente entregar um discurso motivacional.
Era preciso criar soluções práticas, e com resultados a curto prazo.

Foi o que fizemos.

Joyce Rodrigues
CRIE SUA PRÓPRIA SORTE

criamos um blog, o que ajudou a direcionar as buscas espontâneas para nossa página.

O site foi reestruturado, mas não poderíamos contar apenas com a loja. Precisávamos de ações no mundo digital que chamassem mais pessoas para perto de nós, tanto as que já nos conheciam quanto as que nunca tinham ouvido falar da Mezzo.

Falar com as pessoas, para mim, não era novidade. A condição de origem da empresa já tinha como missão a relação mais estreita com meu público. Desde quando eu dava aulas ou viajava para palestrar em congressos e eventos, sempre estive próxima dos meus clientes. Eram pessoas reais que eu adorava conhecer, ouvir, e para quem tinha prazer de transmitir o que aprendi a duras penas.

Buscar recursos profissionais para esse fim foi um passo importante nessa direção. A partir daí, não apenas nos comunicamos de forma abrangente, mas tivemos meios de saber quem era cada uma dessas pessoas e chamá-las para mais perto de nós.

Já tínhamos uma primeira experiência com as lives espontâneas, e ela nos deu os dados de que precisávamos para saber quais seriam as próximas ações.

Planejamento feito, começamos.

*

A primeira jornada nos moldes mais profissionais foi um sucesso, já entregando um conteúdo vastíssimo sobre cosmetologia, totalmente gratuito. O melasma foi um dos principais temas abordados, não só por ser uma de minhas especialidades, mas porque acredito ser um tema fundamental. Ele é a causa de muitos problemas, não apenas físicos, mas também emocionais.

E mais: além de todo o ensinamento sobre cosmetologia, também dei algumas noções de gestão, explicando como as profissionais poderiam aumentar seu faturamento.

Devido a essa experiência bem-sucedida com as jornadas de lives, partimos para o lançamento do curso Estética 10×, desenvolvido

Chegamos ao nosso público de forma diferente, mas ficamos com ele, encontrando diferentes maneiras de ajudá-lo: ensinando, desenvolvendo programas de vendas e incentivos para apoiá-lo durante a pandemia. Estivemos presentes. Isso pode parecer pouco, mas éramos um grande e constante ponto de apoio.

Joyce Rodrigues
CRIE SUA PRÓPRIA SORTE

com foco em auxiliar as profissionais a darem o próximo passo no mercado de estética, aumentarem seus lucros e sua expressividade. Nele, ensinamos sobre cosmetologia, estratégias de marketing, gestão de negócio, educação financeira, entre vários outros temas. Sem exagero, é praticamente uma pós-graduação. São mais de 120 horas de conteúdo entregue e, desde que foi lançado, já impactou mais de 30 mil mulheres, com *cases* que multiplicaram em até dez vezes os lucros dos seus negócios.

Para lançar o curso, fizemos uma jornada de 21 dias de lives consecutivas. Isso é bonito de contar, mas confesso que não foi fácil. Gerir uma empresa em tempos de crise, lidar com minhas questões pessoais e, diariamente, fizesse chuva ou sol, abrir a câmera ao vivo para instrumentalizar nosso público exigiu uma grande força de vontade.

Como sempre, essa entrega foi motivada não apenas mirando a sustentabilidade da Mezzo (apesar de, evidentemente, ser uma das razões), mas também os benefícios que seriam gerados por essa entrega: mais profissionais habilitados e mais pessoas que poderiam ter seus problemas de pele resolvidos, impactando em sua saúde física e mental.

Mesmo trabalhando a venda do curso, continuamos, é claro, entregando muito conhecimento de forma gratuita. O curso foi uma opção que oferecemos para quem queria se aprofundar na prática e no mercado da estética. E ainda contando com nossos produtos como suporte.

Lançamentos em cápsulas: marca registrada da Mezzo

Nesse período, alinhamos a questão do bem-estar com a estética, trabalhamos muito o conceito *in/out* — que associa o tratamento externo a um processo também interno, de nutrição —, o qual inserimos no mercado, ampliamos nosso leque de oportunidades, desmistificamos a questão do colágeno oral e fizemos as pessoas aprenderem a escolher a ciência às falsas promessas.

Inclusive, *mezzo*, em italiano, quer dizer "metade". O que a empresa traz são duas metades que se completam, ciência e cosmetologia, com o objetivo de chegar à melhor versão de cada uma.

Estudando o período da pandemia, entendemos as mudanças de comportamento que interferiram diretamente na saúde mental e física das pessoas. A Mezzo levantou a bandeira do quão importante era começar a pensar diferente, entender nossos clientes, e as intercorrências que estavam se manifestando por conta do estresse e de comportamentos novos.

Mais uma vez, levamos ao mercado opções para serem trabalhadas por meio de estudos e de comprovações. Nós ajudamos os nossos profissionais a se posicionarem com novas estratégias e mudamos esse cenário.

Nossas pesquisas não pararam nunca, constantemente com novidades a compartilhar. A cada novo produto lançado, havia um conteúdo precioso disponível para o público em geral, fruto do estudo realizado para que esse lançamento oferecesse um resultado consistente.

Essa junção de um novo produto com uma jornada de lives foi a fórmula exata para que conseguíssemos chegar mais perto do nosso público, mantê-lo atualizado e crescer mesmo em meio a uma pandemia. Isso se tornou uma marca registrada da Mezzo, e até hoje nossos clientes esperam pelas jornadas para se atualizar, porque sabem que muitas novidades serão entregues.

*

Essa importante estratégia de entrega de conteúdo no ambiente digital foi criada para apoiar e ensinar os profissionais de estética no período da pandemia, mas deu tão certo que se tornou uma prática frequente para a Mezzo, mesmo após a reabertura. Virou uma marca registrada da empresa; tanto que, logo que uma jornada acaba, o nosso público já começa a pedir pela próxima. Hoje, buscamos desenvolver conteúdos de acordo com a necessidade do mercado, de acordo com o que nos pedem, o que querem aprender. Sempre escutamos a todos.

Os resultados são maravilhosos, e já perdemos a conta de quantas pessoas conseguimos ajudar. Temos depoimentos incríveis sobre participações, e isso me dá a certeza de que estou no caminho certo, entregando o meu melhor a cada dia.

Cá entre nós, é difícil não se orgulhar dessa construção, de termos consolidado uma marca que tem um propósito muito maior. Cuidar do outro, transformar vidas!

*

Além da relevância da Mezzo durante todo o ano, essa estratégia também promove consciência de marca, ou *brand awareness*. Isso significa que a marca pode aproveitar a oportunidade de atribuir seu nome a um produto, conceito ou diferencial.

Nosso exemplo foi um *case* de tanto sucesso, que outras empresas começaram a usá-lo como inspiração, e isso só me deixa ainda mais feliz, porque o exemplo do que é bom para todos deve ser seguido sempre!

Que mais empresas pensem fora da caixa, que mais empresas se preocupem com a transformação das pessoas — esse é o objetivo de quem quer ser diferente neste mundo e de quem quer deixar nele algo valioso.

Com essa grande rede alimentada por inovação constante ancorada em estudos científicos, lançamentos responsáveis e informação abundante, crescemos. Crescemos apoiando o aprimoramento de outras pessoas. Dessa forma, alimentamos constantemente o ganha-ganha, e todos saem beneficiados e felizes.

A gratidão é uma imensa força de sustentação. Quando é sentida em rede, com ritmo e constância, nada pode nos deter.

Ampliando nosso público: apostando no consumidor final

Além de todas essas ações direcionadas aos profissionais de estética, também ampliamos as vendas para o público final. Já contemplávamos esse mercado, mas, durante a pandemia, aumentamos as vendas em sessenta por cento.

A própria situação de isolamento trouxe uma demanda maior para cuidados com a pele e estética em geral. Não apenas porque as pessoas passaram a se ver mais nas câmeras devido ao trabalho remoto; o autocuidado passou a ser uma forma de promover saúde e bem-estar. Nesse caminho, percebemos que havia a necessidade de oferecer mais produtos na linha de nutrição, como suporte para a estética.

Também notamos que o consumidor final ficou mais atento às novidades e inovações da categoria, buscando produtos multifuncionais e ecologicamente corretos. Então, entendemos que esse também era nosso papel: colocar no mercado produtos que proporcionassem praticidade e eficácia nos cuidados com a pele, bem como atitudes sustentáveis e solidárias ao momento atual. Então, trouxemos formulações com ingredientes mais naturais, funcionais e veganos e embalagens *up-cycling*, que são reutilizáveis.

Mesmo com o fim do isolamento, essas demandas continuaram, porque algumas mudanças de hábitos vieram para ficar. Então, da mesma forma que sempre garantimos um canal aberto para entregar informações e segurança a nossos clientes especialistas, também o fizemos para o público final.

Trabalhamos com o conceito "experimente antes de comprar", oferecendo sete dias de tratamento pelo valor simbólico de R$7,90, que se refere ao frete. Também disponibilizamos atendimento via WhatsApp para tirar dúvidas, além de vídeos nas redes sociais especialmente direcionados a esse público. Recentemente, além dos nossos já tradicionais canais no YouTube e Instagram, estamos entrando no TikTok para conversar com um público mais jovem, que também necessita de cuidados e de informação sobre a importância do uso dos filtros solares e como lidar com os problemas de acne típicos da adolescência.

Em síntese, o mesmo respeito que dedicamos aos profissionais de estética, nós dirigimos ao público final. Qualidade na entrega, desenvolvimento de confiança e informação abundante, com o objetivo de promover uma vida mais saudável e harmônica.

Seguimos: pesquisas, desenvolvimento de novos produtos e publicações

Na verdade, isso nunca parou. Já comentei aqui que somos uma empresa responsável em nossas entregas e só lançamos produtos após verificarmos sua eficácia real.

O investimento da Mezzo em certificar a qualidade do que produzimos é imenso, e fazemos isso não para nos exibir, mas porque para mim essa responsabilidade é inquestionável. Isso só acontece quando o compromisso é, de fato, com as pessoas. O compromisso de fazer diferença em suas vidas.

Divulgar esses estudos no âmbito científico também gera valor para nós. Temos artigos publicados em revistas científicas internacionais, na Inglaterra, nos Estados Unidos, no Canadá, e somos a única empresa produtora de dermocosméticos que se dedica a isso.

Além do universo de pesquisadores e cientistas, esses estudos também são distribuídos ao nosso público mais amplo, tanto nos cursos e conteúdos para redes sociais quanto nos congressos. Congressos também internacionais, como o de Singapura, onde apresentamos nossos inovadores produtos, alguns deles ganhadores de prêmios.

É sempre gratificante ter esse reconhecimento, mas posso dizer que nossa maior satisfação é fazer informações de muita qualidade, pesquisas de ponta mesmo, chegarem ao nosso público, que cada vez mais tem sede de aprender.

Por causa da nossa prática de democratizar a pesquisa, um número cada vez maior de pessoas aguarda ansiosamente o próximo lançamento, porque elas sabem que terão muito conteúdo a receber. O conhecimento é precioso demais para não ser compartilhado. Se depender da Mezzo, ele será multiplicado ao maior número de pessoas possível, e eu tenho prazer em ser a porta-voz de todas as nossas descobertas.

O pós-pandemia: quando o mundo reabriu... foi tudo ao mesmo tempo agora!

No final do isolamento social, fomos abrindo as portas para o trabalho presencial pouco a pouco, sempre com muita segurança. Durante a pandemia, nós mudamos de sede, mas a maioria ainda trabalhava no modo remoto. Quando a covid-19 arrefeceu e pudemos voltar com cem por cento da presença, celebramos esse momento com uma grande surpresa.

Se você chegou comigo até este ponto, já entendeu o quanto eu adoro fazer as pessoas sentirem o lado especial da vida. Então, no primeiro dia de retorno presencial, levamos todos os nossos funcionários de olhos vendados, em um ônibus, para conhecer o novo prédio, que era muito mais acolhedor. Além de um refeitório mais alegre, temos espaços de descanso e relaxamento, um café e uma área para tomar sol.

Eu queria que as pessoas ao meu redor não voltassem simplesmente ao trabalho após um período desafiador, mas se sentissem recebidas de braços abertos em um ambiente que é também um espaço de acolhida e crescimento pessoal. De fato, para minha alegria, foi um momento emocionante para todos.

Essa foi a maneira que encontrei de agradecer toda a dedicação dessa equipe nos períodos de trabalho remoto, alguns com condições difíceis, mas com um espírito de união muito forte.

Cuide dos Seus, mais do que uma campanha, é um valor essencial para mim. Hoje e sempre.

*

De volta ao presencial, pudemos retornar aos grandes eventos.

Nosso mundo novamente se ampliou.

Então, aquele plano de um grande evento, que começou a ser vislumbrado após o nosso "*Happy day*", pôde se materializar, e nossa imagem se cumpriu. Em 2022, finalmente realizamos o tão sonhado congresso para 5 mil pessoas, no qual apresentamos cinco estudos científicos e vários novos produtos, entre eles um bioestimulador vegano para os glúteos, um preenchedor facial com novas tecnologias para volumização e um bioestimulador de lábios.

As conquistas não pararam por aí. A Mezzo foi novamente reconhecida, dessa vez na Premiação EBA (Estética Business Awards) 2022: ganhamos o Diamante com o Concept T. I. Ozônio Inject, o ouro com o Dermbooster e o bronze como melhor distribuidora. Esse reconhecimento nos ajudou a continuar servindo de inspiração para todos aqueles que gostam de inovar e transformar vidas, especialmente resgatando a vida social de muitas mulheres que por vezes, devido à baixa autoestima, desistem do convívio social ou de correr atrás dos seus sonhos.

A Mezzo hoje

O melhor de tudo é que, no período de reabertura para o presencial, nada se perdeu, apenas se ampliou. Nossos cursos, lives, vídeos e muitos outros conteúdos estão agora organizados em uma plataforma por assinatura mensal, com atualização constante, para quem quiser acessar.

Também seguimos com os lançamentos em cápsulas, em contato com nosso público a cada novo produto, sempre cumprindo nossa missão de informar por meio das jornadas de lives. Além disso, além do blog vinculado ao nosso site, estamos presentes no YouTube, no Instagram, no Facebook, no TikTok e no LinkedIn. Ao todo, temos mais de 250 mil seguidores, com um alcance mensal de mais de 2 milhões de pessoas.

E o crescimento da rede não se dá apenas no mundo virtual. Estamos rodando o Brasil com o projeto Summit Estética 10X, um evento com profissionais incríveis por meio do qual levamos as inovações aos profissionais de estética.

Com apenas catorze anos de mercado, a Mezzo Dermocosméticos se tornou um grupo empresarial com três marcas que vão do varejo ao uso profissional. Somos o tripé formado por Mezzo Dermocosméticos, Mezzo Nutrition e Mezzo Pharmaceutical, contando com um portfólio com mais de 150 produtos. Atualmente, o Grupo Mezzo tem um crescimento médio de 35% ao ano e um quadro de 150 funcionários diretos e indiretos. Temos mais de dez lojas próprias pelo Brasil, além de uma grande rede de distribuidores.

Mesmo com planos de ampliar nossas lojas físicas, seguimos com tudo no ambiente virtual, que agora dominamos muito bem. Temos investimentos de mais de 1 milhão de reais só na área de e-commerce, e mais 5 milhões destinados para novos negócios e produtos.

*

O mercado de estética cresce a cada dia, mas, para o Grupo Mezzo, ele representa muito mais que um público consumidor. São mais pessoas que, buscando beleza e bem-estar, poderão entrar em contato conosco para, juntos, podermos crescer.

Isso, para mim, é o verdadeiro sucesso. Com números nessa escala, sinto-me muito realizada em ver que o que eu sonhei lá atrás, quando ainda era uma menina que não tinha o seu quarto, pôde ser concretizado. Mais que um nome em um monumento ou uma empresa de milhões, meu legado é poder fazer a diferença na vida de tantas pessoas, ajudando sua existência a se tornar mais rica e feliz.

Ainda há muito o que viver, muito o que construir. Mas já sinto que estou deixando minha marca no mundo, e trilhando esse caminho com consistência, lealdade e compromisso.

cápsulas de aprendizado

Quando tiver dúvidas sobre o melhor a fazer, aposte na solução que será o melhor para todas as pessoas envolvidas no problema. Isso inclui você, evidentemente. Cuide dos Seus tornou-se, para mim, uma missão de vida, uma filosofia que, ao ser aplicada, renova diariamente as minhas forças.

———

Dar aos outros o que temos disponível nos coloca em um fluxo de abundância. Não há energia mais preciosa a receber do que a gratidão genuína vinda de todas as pessoas que foram beneficiadas por nossas ações. Além disso, colocar o foco no que é possível dar ao mundo faz sua mente se ocupar com algo positivo, evitando desvios causados por pensamentos negativos e imagens mentais que só servem para desmotivar.

———

É importante entender os momentos em que, para crescer, precisamos do apoio de outros especialistas. Ter discernimento sobre o que está no nosso campo de competências e o que não está — e que, portanto, deve ser um serviço contratado — é importante. A eficiência das nossas realizações depende disso, porque a força de vontade e os recursos financeiros alocados para concretizar determinada ação podem se esvair em etapas mal planejadas, comprometendo um resultado que poderia ser próspero. Por isso, antes de começar a fazer, é necessário contar com um time adequado e entender cada passo de um plano maior.

———

Há coisas que podem ser flexibilizadas e outras não. Nossos valores compõem o esqueleto da empresa, e são eles que determinam todas as ações. Entenda quais valores são inflexíveis para você, e a partir deles desenhe suas estratégias, que podem ser variadas. Dessa maneira, você evita se perder em meio às mudanças da vida e não paralisa diante delas.

———

Inovação, embasamento científico, respeito e acesso ao conhecimento sempre foram meus valores. A partir deles, pude levar a Mezzo para lugares inimagináveis, mas complementares ao que eu antes havia idealizado. Com uma direção clara, todos os caminhos são bons. E há muitas possibilidades de inovação, hoje e sempre.

———

Conclusão:
final feliz

Hoje, posso dizer sem falsa modéstia: sou uma empresária de sucesso. E também mãe, pesquisadora, educadora, comunicadora.

Sou mulher, com muito orgulho. Levo para a vida, para minha empresa e para as relações uma forma de conviver cooperativa, integradora. Escolho ofertar uma pele suave, no sentido de dar aos demais um toque aveludado, não os meus espinhos. Deles, eu cuido. Porque acredito no cuidado, no sonhar junto para depois fazer — e fazer hoje, porque o nosso tempo é agora!

Ainda tenho muito a realizar, e só Deus sabe o que a vida ainda vai me trazer. Mas, como Nele eu confio, faço meus planejamentos, teço meu futuro, visualizo e recolho do presente a força para seguir realizando. Escolhi olhar para a vida com o filtro da gratidão; sei que ainda terei tantos desafios quantas serão minhas realizações, mas, a cada passo que dou, mais certeza tenho de que para tudo na vida existe jeito e para todo sonho, caminhos.

Aceitei, desde a infância, o desafio proposto pela minha mãe de não me contentar com uma vida medíocre, vivida do jeito que dá ou no piloto automático.

Transformei esse anseio na minha principal meta:

Fazer a diferença no mundo.

Até aqui, cheguei com a vontade das minhas ações e a potência do meu coração. Mas é essencial dizer: por mais forte que seja o meu espírito, eu jamais teria alcançado esse patamar sozinha. Se estou onde estou, é também graças ao apoio de muita gente.

Tenho a alegria de fazer parte de uma família muito unida, meu porto seguro e esteio. Tanto os que me precederam, pais, avós e tios (como contei nestas páginas), quanto minha irmã Jessica, que sempre caminhou ao meu lado e é parte do time da Mezzo. Somando força aos vínculos sanguíneos, também recebo o carinho e apoio incondicional do meu marido Ique, generoso companheiro que, quando estávamos nos primeiros passos desse empreendimento, optou por deixar seu projeto pessoal de empresa para apostar nesse sonho junto comigo.

Além dos meus entes queridos, impossível não reconhecer também o empenho da equipe da Mezzo, que é como um grande corpo unido. É graças a todas as pessoas que, diariamente, dedicam suas vidas à construção do nosso ideal comum que ele pode se concretizar. Colaboradores fantásticos com os quais posso contar sempre e aos quais sou eternamente grata por oferecem seu tempo e sua potência e dividirem comigo os desafios e as alegrias dessa construção.

Sem essas pessoas eu não chegaria tão longe. Talvez tivesse parado no primeiro ou segundo obstáculo. Ou no quinto, porque minha garra é grande, mas ainda assim eu sucumbiria em algum momento. Por isso, quero encerrar estas páginas honrando essa rede não apenas por gratidão, mas por honestidade.

Já vi muitos manuais de prosperidade enaltecendo a meta, a vontade, a força empreendedora sem mencionar a importância das inter-relações. Como se dependesse apenas da nossa ação individual para que o sucesso bata à nossa porta como recompensa.

Não, não é assim que funciona. Pelo menos não para mim. São os laços tecidos na confiança que criaram a sólida argamassa depositada entre cada tijolinho desse legado. Uma teia de afetos onde todas e todos nos amparamos.

A consolidação dessa rede pode levar um tempo. Pode ser que não seja formada por familiares, mas por outras pessoas, a família que construímos por afinidades e por um ideal comum. Seja como for, é cuidando dos seus que construímos essa grande casa.

E é ela que nos dará suporte, nutrição e amparo, tanto para celebrar as conquistas como para descansarmos nos tempos em que necessitamos de silêncio e renovação.

*

Respeito, qualidade, inovação, responsabilidade científica, generosidade, união. São esses os pilares que me trouxeram até aqui.

Busquei ser o mais verdadeira possível neste relato para que ele seja realmente útil em sua vida. Nestas páginas, eu me despi. Contei minha história, minhas origens, cada cicatriz de batalha, o passo a passo do meu caminhar. Meus acertos e minhas derrotas, meu desejo de deixar este mundo um pouco melhor ao longo da minha passagem.

Compartilhei tudo o que sei querendo, sinceramente, que você se descubra também, que se aproxime do seu melhor, que libere o máximo do seu perfume.

Quero caminhar com você lado a lado. Sim, você que também busca, que também sente pulsando essa vontade, que não se conforma com pouco, que não dá ouvidos aos sabotadores (de dentro ou de fora), que não perde tempo com batalhas de ódio — ao contrário, caminha em direção ao amor e às ações que vão despertar o melhor em todas as pessoas. Nesse percurso, você terá sua própria estrada, e ela é única. Mas quem sabe possamos nos encontrar em alguns pontos, passando por lugares semelhantes.

Espero ter inspirado você a ouvir seu coração, a pescar, na quietude do seu silêncio, o que faz seus olhos brilharem. Ou aquela missão de vida para a qual você arriscaria seus olhos quando um galo cantar.

Espero que você vislumbre o que há além do medo ou da luta por sobrevivência e descubra sua forma particular de deixar sua marca no mundo. Uma dica: é aquilo que te traz vontade, desejo de acordar todos os dias. Aquilo que soa como música aos teus ouvidos, como nutrição para tua alma.

Pode parecer louco, pode parecer impossível, mas, se sentir o que é, não hesite: agarre. É disso que a vida é feita, dessa matéria sutil que exala de nós quando nos percebemos humanos.

Esse é o passo zero. Depois, é realizar. Os dias te trarão desafios, e eles te impedirão ou fortalecerão. Nessa hora, lembre-se dos contos maravilhosos, aqueles que te fazem tremer, mas que a gente nunca esquece: neles, os personagens enfrentam grandes adversidades, mas são elas que trazem, também, os aliados: as forças divinas. A natureza.

Fadas-madrinhas.

Estrelas-guias.

E, também, as pessoas.

Nas horas da noite escura, lembre-se: ainda não acabou.

Um *happy day* sempre é possível.

E o *happy end* é todo dia em que você se torna grande, confia na vida e faz a diferença.

Que você tenha uma linda e próspera jornada!

Um *happy day*
sempre é possível.

E o *happy end*
é todo dia em que você
se torna grande, confia
na vida e faz a diferença.

Joyce Rodrigues
CRIE SUA PRÓPRIA SORTE

Fontes **Lyon Text, Next, Suisse Int'l**
Papel **Alta Alvura 90 g/m²**
Impressão **Imprensa da Fé**